Basiswissen Psychologie

Reihe herausgegeben von
J. Kriz, Osnabrück, Deutschland

Die erfolgreiche Lehrbuchreihe im Programmbereich Psychologie: Das Basiswissen ist konzipiert für Studierende und Lehrende der Psychologie und angrenzender Disziplinen, die Wesentliches in kompakter, übersichtlicher Form erfassen wollen.

Eine ideale Vorbereitung für Vorlesungen, Seminare und Prüfungen: Die Bücher bieten Studierenden in aller Kürze einen fundierten Überblick über die wichtigsten Ansätze und Fakten. Sie wecken so Lust am Weiterdenken und Weiterlesen.

Neue Freiräume in der Lehre: Das Basiswissen bietet eine flexible Arbeitsgrundlage. Damit wird Raum geschaffen für individuelle Vertiefungen, Diskussion aktueller Forschung und Praxistransfer.

Reihe herausgegeben von
Prof. Dr. Jürgen Kriz
Universität Osnabrück

Wissenschaftlicher Beirat:
Prof. Dr. Markus Bühner
Ludwig-Maximilians-Universität
München

Prof. Dr. Thomas Goschke
Technische Universität Dresden

Prof. Dr. Arnold Lohaus
Universität Bielefeld

Prof. Dr. Jochen Müsseler
RWTH Aachen

Prof. Dr. Astrid Schütz
Otto-Friedrich-Universität Bamberg

Weitere Bände in der Reihe: http://www.springer.com/series/12310

Margarete Imhof

Psychologie für Lehramtsstudierende

5. Auflage

Mit Beiträgen von Hans-Peter Langfeldt, Siegfried Preiser, Elmar Souvignier, Regina Vollmeyer und Frank Borsch

 Springer

Margarete Imhof
Psychologie in den Bildungswissenschaften
Johannes Gutenberg-Universität Mainz
Mainz, Deutschland

Zusätzliches Material zu diesem Buch finden Sie auf http://www.lehrbuch-psychologie.springer.com

ISSN 2626-0441 ISSN 2626-0492 (electronic)
Basiswissen Psychologie
ISBN 978-3-662-58726-3 ISBN 978-3-662-58727-0 (eBook)
https://doi.org/10.1007/978-3-662-58727-0

1.-4. Aufl. © Springer Fachmedien Wiesbaden 2010, 2011, 2013, 2016

Die Deutsche Nationalbibliothek verzeichnet diese Publikation in der Deutschen Nationalbibliografie; detaillierte bibliografische Daten sind im Internet über http://dnb.d-nb.de abrufbar.

Dieses Buch bietet Studierenden in den Lehramtsstudiengängen eine Einführung in die psychologischen Aspekte von Unterricht und Erziehung. Die besondere Herausforderung besteht dabei darin, einerseits die theoretischen und methodischen Prinzipien des Faches Psychologie vorzustellen, aber andererseits den zukünftigen Lehrern und Lehrerinnen als spätere kritische „Anwender" psychologischer Erkenntnisse aufzuzeigen, warum es sich lohnen könnte, psychologische Kenntnisse in den Beruf als Lehrer oder Lehrerin einzubringen. An dieser Fragestellung konnte ich viele Jahre an der Goethe-Universität Frankfurt in einem Kollegium von Hochschullehrern und Hochschullehrerinnen arbeiten, die als Team über eine lange Zeit hinweg eine Struktur entwickelt haben, die sich auch in dem vorliegenden Buch wiederfindet. Ich konnte das Buch im Laufe der Jahre durch kritische Rückmeldungen der Studierenden an der Universität Mainz weiterentwickeln; in der langen Zwischenzeit haben weitere ehemalige Kollegen und Kolleginnen aus der Frankfurter Zeit die Universität verlassen und das Konzept an anderen Orten um- und ausgebaut. Da dieses Buch zentral auf der Grundlage der gemeinsamen Arbeit aufbaut, möchte ich an dieser Stelle ganz explizit den Kollegen Prof. Dr. Hans-Peter Langfeldt, Prof. Dr. Siegfried Preiser, Prof. Dr. Elmar Souvignier, Prof. Dr. Regina Vollmeyer und Dr. Frank Borsch für die Zusammenarbeit in früheren Zeiten und für ihr Einverständnis danken, dass das gemeinsam erstellte Skript in erweiterter und veränderter Form als Buch erscheinen kann. Dr. Frank Borsch erlebt diese Neuauflage leider nicht mehr. Sein Engagement für die Pädagogische Psychologie in den Lehramtsstudiengängen bleibt.

Von daher sind die Stärken, die in diesem Buch liegen, dem Team der Lehrenden an der Universität Frankfurt zu verdanken, für die Schwächen können die Leser und Leserinnen gern mich allein verantwortlich machen. Ein Teil des Dankes gebührt auch den Studierenden, die über viele Semester hinweg durch ihre Rückmeldungen und Evaluationen (bis hin zu gewissenhaft markierten Hinweisen auf Druckfehler) ebenfalls wichtige Anregungen zur Gestaltung der Vorlesung gegeben haben.

Das Buch geht nun seit 2010 in die 5. Auflage und erreicht somit ein stattliches Alter. Um den Wiedererkennungseffekt zu erhalten, wurde es eher vorsichtig aktualisiert und nicht grundsätzlich umstrukturiert. Diese Vorgehen hielt ich noch einmal für vertretbar, trotz der unübersehbaren Fortschritte in der einschlägigen Forschung im Bereich der Psychologie für Lehrerinnen und Lehrer. Wer also aktuelle Themen wie Lernen mit digitalen Medien, Lernen und Hirnforschung oder Inklusion vermisst, den oder die verweise ich auf alternative Literatur.

Schließlich wäre aber ohne die Initiative der Herausgeber und des Verlages diese Publikation nie entstanden. Auch dafür möchte ich mich bedanken und wünsche mir für das Buch weiterhin kritische Leser und Leserinnen.

Mainz   Margarete Imhof
Dezember 2019

Inhaltsverzeichnis

Warum Psychologie? Alltagspsychologie, wissenschaftliche Psychologie und notwendige Grundkenntnisse für Unterricht und Erziehung

1

Zusammenfassung

In diesem Kapitel werden Gegenstand und Aufgabe der Psychologie als Wissenschaft beschrieben, und es wird erläutert, inwiefern psychologisches Wissen und Vorgehen für das professionelle Handeln von Lehrerinnen und Lehrern von Bedeutung sein kann.

1.1 Die Bedeutung psychologischen Wissens für pädagogisches Handeln

Lehrerinnen und Lehrer treffen täglich überlegte oder spontane Entscheidungen darüber, wie sie sich gegenüber ihren Schülerinnen und Schülern verhalten und wie sie mit ihnen arbeiten. Sie machen sich zum Beispiel Gedanken darüber, welche Unterrichtsmaterialien sie auswählen; wie sie das Interesse der Kinder und Jugendlichen wecken; wie sie die Einzelnen dazu bewegen, sich anzustrengen; mit welchen Hilfsmitteln sie Sachverhalte erklären; wie lange sie die Schülerinnen und Schüler üben lassen; wie sie mit Fehlern und Schwierigkeiten umgehen, die sie bei dieser oder bei jenem beobachten; wie sie den Lernenden Rückmeldung über ihren Lernfortschritt geben. Lehrerinnen und Lehrer nehmen das Verhalten ihrer Schülerinnen und Schüler wahr, interpretieren und beurteilen es. Die folgenden Beispiele illustrieren, was gemeint ist:

1. Frau Viereck denkt für den naturwissenschaftlichen Unterricht in ihrer 7. Klasse darüber nach: Wie kann ich am besten Theorien und Phänomene des Magnetismus behandeln? Halte ich einen Vortrag über die theoretischen Grundlagen? Bereite ich ein Unterrichtsgespräch vor? Lasse ich die Schülerinnen und Schüler experimentieren und die Prinzipien selbst entdecken? Macht es einen Unterschied, ob die Schülerinnen und Schüler zuerst eine theoretische Einführung

© Springer-Verlag GmbH Deutschland, ein Teil von Springer Nature 2020
M. Imhof, *Psychologie für Lehramtsstudierende*, Basiswissen Psychologie,
https://doi.org/10.1007/978-3-662-58727-0_1

erhalten und dann selbst experimentieren – oder umgekehrt (vgl. Wecker et al. 2014)? Wie erreiche ich bei der Durchführung des Unterrichts, dass die Lernenden aktiv über den Stoff und die Aufgaben nachdenken (vgl. Pauli et al. 2008)?

2. Deutschlehrer Herr Grübel überlegt, wie er es schaffen könnte, seine Klasse dazu zu bewegen, literarische Texte genauer zu lesen. Soll er vor der Lektüre gezielte Fragen stellen oder erst nach der Lektüre? Macht das überhaupt einen Unterschied? Wie prüft er nach, ob die Schülerinnen und Schüler den Text nicht nur gelesen, sondern auch verstanden haben (vgl. Gold et al. 2004; Guthrie und Klauda 2014; Guthrie und Taboada 2004)? Er überlegt außerdem, wie er vorgehen kann, wenn er die Qualität der Schüleraufsätze fördern möchte: Welche Aufgabenstellungen haben nachweislich einen positiven Effekt auf die Qualität der Struktur von Texten, die Schülerinnen und Schüler produzieren (vgl. Fleischer et al. 2014; Kirkpatrick und Klein 2009)?

3. Grundschullehrerin Frau Kühn sucht eine Strategie, wie sie die Kinder in ihrer Klasse dazu bringt, respektvoll miteinander umzugehen. In welcher Form sind Regeln sinnvoll? Wie viele Regeln sind wichtig? Wie wirksam sind Regeln und wie kommuniziert sie diese am besten (vgl. Makarova et al. 2014)? Verfügen die Kinder überhaupt über die Fähigkeit, sich selbstständig mit einem Thema zu befassen (vgl. Borsch 2005, 2015; Nolting 2011)?

Diese Beispiele verdeutlichen vor allem eines: Lehrerinnen und Lehrer müssen in der Lage sein, Entscheidungsbedarf und Handlungsspielräume in pädagogischen Situationen zu erkennen und über grundsätzliche didaktische und pädagogische Maßnahmen kreativ und komplex nachzudenken und schließlich Entscheidungen über eine Vorgehensweise zu treffen und den Effekt der Maßnahmen zu bewerten. Betrachten Sie den folgenden Fall:

Fallbeispiel
Warum kommt Anna nicht zurecht?
Anna kommt von einer relativ kleinen Grundschule. Sie war mit 20 Schülerinnen und Schülern in einer Klasse. Mit dem Wechsel ins Gymnasium ist ihre Familie auch in eine neue Stadt gezogen. So kann Anna nach der Schule nicht mehr wie früher zu ihren Großeltern gehen, wo sie dreimal pro Woche war, weil ihre Mutter halbtags arbeitete. Ihre Klassenlehrerin hatte die etwas schüchterne Schülerin gefördert und ermutigt, ins Gymnasium zu gehen. Ihre Leistungen in der Grundschule waren immer im oberen Drittel innerhalb ihrer Klasse, jedoch gehörte sie nie wirklich zu den Allerbesten. Anna

(Fortsetzung)

freute sich sehr auf den Wechsel ins Gymnasium, da ihr drei Jahre älterer Bruder schon viel davon erzählt hat.

Im ersten Halbjahr tut sich Anna an der neuen Schule sehr schwer. In einer Klasse mit 28 anderen, von denen sie niemanden kennt, sitzt sie allein an einem Tisch. Weil Anna ein körperlich großes Mädchen ist, sitzt sie fast ganz hinten im Klassenzimmer. In den Klassenarbeiten in Deutsch und Mathematik erhält sie meistens die Note ausreichend. In Erdkunde gab der Lehrer einmal die Aufgabe: „Lest euch das Kapitel zum Thema mal durch!" Das hat Anna auch gemacht, aber trotzdem kamen ihr alle Fragen, die der Lehrer in der nächsten Stunde dazu stellte, total neu und unbekannt vor. Als sie in Erdkunde schließlich eine 5 im Halbjahreszeugnis bekommt, erklärt sie: „Ich habe nur deshalb eine 5 bekommen, weil ich eine Arbeit verhauen habe und dann einmal zu oft die Hausaufgabe vergessen habe." Ihre Note in Englisch ist ebenfalls eine 5 und sie sagt: „Wir sollten uns für Englisch einen Ordner anlegen, aber meine Mutter sagte, ich müsse keinen neuen Ordner kaufen, ich könne einen alten nehmen. Den hat aber dann schon mein Bruder genommen und dann sollte ich doch einen neuen bekommen, aber das haben wir dann irgendwie vergessen. Und so habe ich die Arbeitsblätter halt lose in mein Heft gelegt und plötzlich waren sie dann durcheinander gekommen und ich habe auch mal eines verloren. Dann sollten wir den Ordner plötzlich abgeben und da hatte ich dann den Salat."

Auch als Annas Englischlehrerin in einem Gespräch mit ihren Eltern empfiehlt, dass Anna Nachhilfe bekommen sollte, ändert sich nicht viel. Anna findet, dass sich ihre Lehrerinnen und Lehrer nicht gut um sie kümmern und meint, dass es ihnen egal sei, ob sie mitkommt oder nicht. Von ihrem Platz aus sieht sie manchmal gar nicht, was an der Tafel steht. Als sie einmal nachfragt, was sie jetzt machen soll, meint die Lehrerin, wenn Anna besser aufgepasst hätte, wüsste sie es und sie solle einfach in Zukunft nicht mehr so viel träumen. Als sie für die nächste Klassenarbeit alle Vokabeln des letzten Kapitels sorgfältig wiederholt hatte und auch wiedergeben kann, erreicht Anna trotzdem wieder nur eine 5. Seitdem ist sie davon überzeugt, dass es sich sowieso nicht lohnt, sich anzustrengen. Mittlerweile hat sie sich mit den beiden Mädchen, die vor ihr sitzen, ein bisschen angefreundet. In der Englisch-Stunde spielen sie am liebsten Käsekästchen unter dem Tisch oder schreiben sich SMS.

Fragen, die sich eine Lehrerin oder ein Lehrer zum Fall Anna stellen kann:

(Fortsetzung)

1. Welche Faktoren könnten dazu beigetragen haben, dass Anna im Gymnasium nur schwache Leistungen zeigt?
2. Anna hatte aus der Grundschule bestimmte Voraussetzungen und Fähigkeiten für das Gymnasium mitgebracht. Welche Fähigkeiten hat sie nicht mitgebracht?
3. Was hätten Annas Lehrerinnen und Lehrer in der Grundschule/im Gymnasium tun können, um ihr den Einstieg in die neue Schule zu erleichtern?

(Lösungshinweise im Anhang)

Um bei der Gestaltung von Lerngelegenheiten die richtigen Entscheidungen zu treffen, können Lehrerinnen und Lehrer auf verschiedene Grundlagen zurückgreifen:

1. Eigene Erfahrung: Was hätte mir geholfen?
2. Tradition: Wie geht man an dieser Schule mit solchen Problemen um?
3. Autorität: Was sagt die Schulordnung?
4. Mehrheitsmeinung: Was sagen die Kolleginnen und Kollegen?
5. Wissenschaftliche Theorien: Was sagt die Forschung zu der Frage, wie das Verhalten von Lernenden erklärt werden kann und wie Lehrende das Verhalten von Schülerinnen und Schülern beeinflussen können?

Jede Entscheidungsgrundlage hat ihre Vor- und Nachteile: Die eigene Erfahrung ist einem wohl am ehesten präsent, aber sie ist nicht ohne weiteres auf andere Schülerinnen und Schüler mit anderen Voraussetzungen, Interessen, kulturellem Hintergrund zu verallgemeinern; der Rückgriff auf die Tradition nutzt langfristig aufgebautes Erfahrungswissen, verhindert aber die Anpassung an sich verändernde Bedingungen; der Autorität einer Schulordnung zu folgen, kann eine gewisse Sicherheit geben, kann aber im Einzelfall kritische und eigenständige Entscheidungen verhindern; die Mehrheitsmeinung zu übernehmen, verhindert Konflikte, kann aber auch ein einseitiges Gruppendenken fördern; wissenschaftliche Theorien bieten im günstigen Fall vielfältige, evidenzbasierte Erklärungsmuster an, erlauben aber im Einzelfall keine eindeutigen Vorhersagen, weil komplexe Rahmenbedingungen zu berücksichtigen sind.

> **Vertiefungsempfehlung**
> Kunter, M., & Trautwein, U. (2017). *Psychologie des Unterrichts*. Paderborn: Schöningh.
> Ormrod, J. E. (2011). *Educational psychology: Developing learners*. Boston: Pearson. (S. 1–8: „Teaching and educational psychology").

Der Beitrag wissenschaftlicher Theorien kann darin bestehen, Konzepte bereitzustellen, die für eine differenzierte Analyse von Verhalten hilfreich sein können und so den Blick für Erklärungsalternativen bzw. für Interventionen und unterstützende Maßnahmen zu erweitern. Dieses Buch vermittelt anhand ausgewählter Themen und Befunde einen einführenden Überblick über Theorien und die wissenschaftlichen Methoden der Psychologie entlang von zentralen Fragestellungen der Teilgebiete der Psychologie. Diese werden im Folgenden aufgeschlüsselt und dienen der Darstellung als Leitfaden.

1.2 Gegenstand und Aufgabe der Psychologie und ihrer Teilgebiete

Die Psychologie versteht sich als die Wissenschaft vom Verhalten und Erleben des Menschen und untersucht deren innere und äußere Bedingungen. Die wissenschaftliche Psychologie analysiert ihre Gegenstände – das Verhalten und Erleben – in den folgenden Schritten:
Beschreiben – Erklären – Vorhersagen
In den angewandten Disziplinen der Psychologie, wie z. B. in der Pädagogischen Psychologie, werden zusätzliche Aspekte relevant, nämlich das konkrete Handeln und die Überprüfung der damit erzielten Effekte.

Die Pädagogische Psychologie als angewandte Wissenschaft umfasst diejenigen Theorien und Befunde der Psychologie, die sich auf die Beschreibung, Erklärung, Vorhersage, Handeln und Überprüfen bei pädagogischen Fragestellungen im Rahmen von Unterricht und Erziehung beziehen. Die Pädagogische Psychologie ist noch einmal gegliedert in verschiedene Teilgebiete, die sich eng an den Erkenntnissen und Arbeitsweisen der Grundlagendisziplinen der Psychologie orientieren und die menschliches Verhalten

Zentrale Frage (Teilgebiet)	Beispiel
Wie verändert sich Erleben und Verhalten der Menschen während ihres Lebens? (Entwicklungspsychologie)	Die Entwicklung des Denkens nach Jean Piaget → siehe Kapitel 2
Welche Gesetzmäßigkeiten können für das Verhalten und Erleben der Menschen formuliert werden? (Allgemeine Psychologie)	Gedächtnissysteme, Lernen als Informationsverarbeitung, operantes Lernen → siehe Kapitel 3
Wie unterscheiden sich Menschen im Verhalten und Erleben voneinander? (Differenzielle Psychologie)	Erfolg in der Schule und seine Bedingungen (am Beispiel Intelligenz und Motivation) → siehe Kapitel 4
Welche Besonderheiten im Verhalten und Erleben lassen sich feststellen? (Spezielle Fragen der Differenziellen Psychologie)	Lernschwierigkeiten und Verhaltensauffälligkeiten bei Kindern und Jugendlichen → siehe Kapitel 5
Wie beeinflusst die Anwesenheit anderer das Verhalten und Erleben des Menschen? (Sozialpsychologie der Erziehung und des Unterrichts)	Lernen in Gruppen → siehe Kapitel 6

Abb. 1.1   Die Teilgebiete der Pädagogischen Psychologie

und Erleben aus jeweils ganz unterschiedlichen Blickwinkeln betrachten. Folgende Teilgebiete spielen in der Pädagogischen Psychologie eine besondere Rolle:

Verhalten und Erleben des Menschen verändern sich über die Lebensspanne. Mit der Beschreibung und Erklärung dieser Veränderungen befasst sich das Teilgebiet der Entwicklungspsychologie. Weitere Teilgebiete beschäftigen sich mit der Frage allgemeiner Gesetzmäßigkeiten (Allgemeine Psychologie), mit den Unterschieden zwischen den Menschen (Differenzielle Psychologie), zu denen auch besondere Ausprägungen im Verhalten und Erleben gehören (spezielle Fragen der Differenziellen Psychologie), und mit der Frage, inwieweit Verhalten und Erleben des Menschen von der Anwesenheit anderer beeinflusst werden (Sozialpsychologie). In der folgenden Orientierungstafel sind die Teilgebiete noch einmal aufgeführt (vgl. Abb. 1.1).

1.3   Methoden der Pädagogischen Psychologie

Die Psychologie versteht sich als empirische Wissenschaft (Erfahrungswissenschaft). Wissenschaftlich tätige Psychologen kommen durch systematisches Beobachten (im weiten Sinne) von menschlichem Verhalten unter möglichst kontrollierten Bedingungen zu Daten. Diese beziehen sich also auf beobachtbare Realität (Empirie). Mit Hilfe von speziellen Auswertungsverfahren werden diese Daten beschrieben und es werden Schlussfolgerungen daraus gezogen. Daraus wiederum entwickeln Wissenschaftler Theorien, die in einer weiteren Untersuchung erneut an der Empirie auf ihre Richtigkeit hin überprüft werden. Es entsteht ein Wechselspiel von Empirie und Theorie (vgl. Abb. 1.2).

Herrmann hat das Verhältnis von Theorie und Empirie so beschrieben: „Die Empirie entscheidet über das ‚Zutreffen' der Theorien; die Theorien organisieren die empirischen Sachverhalte, verleihen ihnen ihre Bedeutung und lassen ihre Vorhersage zu" (Herrmann 1991, S. 43). Um das Wechselspiel zwischen der Entwicklung von theoretischen Grundlagen und der empirischen Überprüfung „spielen" zu können, sind spezielle Vorgehensweisen in der Forschung erforderlich. Dazu gehören in der Psychologie die folgenden Methoden (vgl. Hussy et al. 2013):

Deskriptive Studien. Deskriptive Studien beschreiben das Verhalten von Menschen in einer bestimmten Situation. Sie geben Auskunft darüber, wie oft oder unter welchen Bedingungen ein bestimmtes Verhalten vorkommt. Typische Bei-

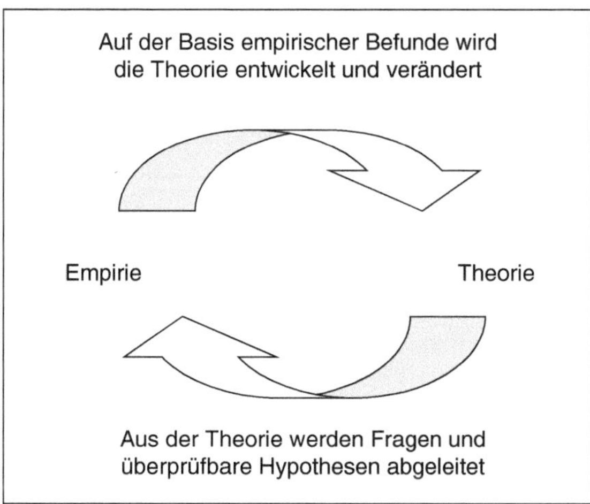

Abb. 1.2 Das Wechselspiel von Theorie und Empirie in der psychologischen Forschung

spiele sind folgende Fragen: „Wie viele Kinder haben Lese- und Rechtschreibschwierigkeiten?" oder „Wie bilden sich Freundschaften in Schulklassen?" Bei deskriptiven Studien nimmt der Forscher die Rolle des Beobachters ein und greift so wenig wie möglich in die Situation ein. Am Beispiel der Beobachtungsmethode finden Sie diese Überlegungen in Kap. 2 weiter illustriert.

An deskriptiven Studien sind die PISA-Studien (*Programme for International Student Assessment*, 2001, 2005, 2007, 2010, 2013; OECD 2017) bekannt geworden. In diesen Studien wurde im großen Stil der Lernstand von 15-jährigen Schülerinnen und Schülern im Lesen, in Mathematik und in den Naturwissenschaften, aber auch in Aspekten wie Fähigkeit, mit dem Computer umzugehen und komplexe Probleme im Team zu lösen, in verschiedenen Ländern beschrieben. In den IGLU-Studien (*Internationale Grundschul-Lese-Untersuchung*; Bos et al. 2003, 2007, 2012; Hußmann et al. 2017) werden die Lernstände der Kinder am Ende des vierten Schuljahres anhand von Merkmalen wie Geschlecht, soziale Herkunft, aber auch Merkmale des Unterrichts, beschrieben, differenziert analysiert und international verglichen.

Vertiefungsempfehlung
Spinath, B. (2014). *Empirische Bildungsforschung. Aktuelle Themen der Bildungsforschung und Bildungspraxis*. Berlin: Springer.

Korrelative Studien. Korrelative Studien beschreiben den Zusammenhang zwischen zwei oder mehr verschiedenen Merkmalen von Personen oder Situationen. Man möchte beispielsweise wissen, inwieweit Freude und Interesse an Naturwissenschaften mit der Einschätzung, dass man sich in den Naturwissenschaften zutraut, Neues zu lernen und erfolgreich zu sein, zusammenhängen. Ergebnisse korrelativer Studien werden typischerweise in „Je …, desto …"-Aussagen zusammengefasst. Eine *positive* Korrelation besagt, dass beide Merkmale dieselbe Entwicklung nehmen, z. B. „Je *mehr* Interesse und Freude Schülerinnen und Schüler an Naturwissenschaften haben, desto *mehr* trauen sie sich zu, die Anforderungen in naturwissenschaftlichen Fächern zu bewältigen." Eine *negative* Korrelation liegt vor, wenn die beiden untersuchten Merkmale in entgegengesetzter Richtung verlaufen: „Je *weniger* Schulangst Schülerinnen und Schüler zeigen, desto *höher* ist die Schullaufbahnpräferenz der Lehrerinnen und Lehrer für diese Schülerinnen und Schüler" (vgl. Arnold et al. 2007). Wenn so ein Zusammenhang gefunden wird, schließt sich natürlich die Frage an, was dieser inhaltlich bedeutet, was Ursache ist und was Wirkung bzw. welche Faktoren einen Einfluss auf diesen Zusammenhang haben.

Korrelative Aussagen beschreiben einen Zusammenhang, aber sie beinhalten keine Aussagen über Ursache und Wirkung. Wie bei einem Henne-Ei-Problem weiß man nicht sofort, was zuerst da war. Beispiel: „Je mehr Bücher Kinder lesen, desto stärker ist ihr Leseverständnis ausgeprägt" (vgl. Schneider 2009, S. 60). Für das gemeinsame Auftreten dieser Verhaltensweisen sind folgende Erklärungen möglich:

- Kinder lesen viele Bücher, weil sie gut verstehen, was sie lesen.
- Kinder verstehen gut, was sie lesen, weil sie viele Bücher lesen.
- Es gibt einen dritten Einflussfaktor, z. B. eine hohe allgemeine Intelligenz, der dafür verantwortlich ist, dass die Kinder viele Bücher lesen *und* gut verstehen, was sie lesen.

Wenden Sie diese drei Interpretationsmöglichkeiten auf die folgende korrelative Aussage an:

„Je höher die naturwissenschaftliche Kompetenz der Schülerinnen und Schüler, desto stärker sind Freude und Interesse an Naturwissenschaften ausgeprägt" (vgl. Schütte et al. 2007, S. 139).

Experimentelle Studien. Experimentelle Studien (siehe auch Kap. 3) zeichnen sich dadurch aus, dass ein Versuchsleiter (VL) gezielt in die Situation eingreift. Er verändert einen Aspekt in der Situation und untersucht die Effekte, die sich daraufhin im Verhalten der Versuchspersonen zeigen, so dass experimentelle Studien sich dazu eignen, Fragen nach Ursache und Wirkung klar zu beantworten. Die Teilnehmer eines Experiments werden immer in mindestens zwei Gruppen eingeteilt. Eine so genannte Experimentalgruppe wird mit einer Kontrollgruppe verglichen. Die beiden Gruppen werden so angelegt, dass sie sich nur in einem einzigen Merkmal unterscheiden, und zwar genau in dem, das der Versuchsleiter absichtlich gestaltet hat. In allen anderen relevanten Aspekten unterscheiden sich die Gruppen nicht. Beispielsweise untersucht eine Forschergruppe die Hypothese, ob ein spezielles Training im Fach Deutsch die Kompetenzen von Schülerinnen und Schülern im Leseverständnis erweitert, und ob diese verbesserten Kompetenzen sich auch auf Leistungen in anderen Fächern niederschlagen, in denen man lesen muss, z. B. Textaufgaben in Mathematik (vgl. Mokhlesgerami et al. 2007). Die Forschergruppe führt mit einigen Schulklassen ein Training der Lesekompetenz durch (Experimentalgruppe), während andere Klassen in der gleichen Zeit den regulären Deutschunterricht erhalten (Kontrollgruppe). In beiden Gruppen werden alle anderen Aspekte gleich gehalten (Alter, Vorwissen, Geschlecht, Zeit zum Lernen). In einem Test wird am Ende bei allen das Leseverständnis überprüft. Wenn die trainierte Gruppe, also die Experimentalgruppe, ein besseres Ergebnis erzielt, so hat man einen Anhaltspunkt dafür, dass der Effekt auf das Förderprogramm zurückzuführen sein kann (vgl. genauer: Langfeldt 2009). Die Ursache für das bessere Ergebnis kann also bestimmt werden. Man kann nun prüfen, ob der Unterschied zwischen den trainierten Klassen und den anderen groß genug ist (Effektstärke), so dass man sagen kann, dass sich der Aufwand des Trainings lohnt. Ein Sonderfall des Experiments, der in der Pädagogischen Psychologie z. B. im Rahmen von Schulklassenvergleichen eine besondere Rolle spielt, ist das Quasi-Experiment. Näheres dazu finden Sie in Kap. 3. Experimentelle Studien im natürlichen Lebensumfeld werden in Kap. 6 eingehender besprochen. Wie das Wechselspiel von Theorie und Empirie und die genannten Methoden in der Forschungspraxis genutzt und präsentiert werden, wird in den psychologischen Fachzeitschriften deutlich. Als Beispiel können die in den einzelnen Abschnitten genannten Stellen herangezogen werden.

Reviews und Meta-Analysen. Review-Artikel bieten einen Überblick über die Forschungslage zu einem Themenbereich, denn pointierte Aussagen über spezifische Sachverhalte lassen sich selten anhand einer einzigen Untersuchung belegen. Die Ergebnisse einzelner Studien sind oft widersprüchlich und in der Regel in der Verallgemeinerbarkeit begrenzt, weil mit speziellen Stichproben gearbeitet wurde oder weil eine spezifische Vorgehensweise gewählt wurde, um eine Frage zu untersuchen. In den Reviews werden Arbeiten zu einem Thema gesammelt und kritisch bewertet, z. B. hinsichtlich der Untersuchungsbedingungen oder der Stichprobenmerkmale, die in der Folge die Übertragbarkeit der Ergebnisse auf andere Personen und Situationen beeinflussen könnten. Die Qualität von Reviews zeigt sich daran, dass die Autorinnen und Autoren klare Kriterien benennen, nach denen sie die Arbeiten in ihren Überblick aufgenommen haben (z. B. methodisches Vorgehen der Studie). Ergebnis der Analysen sind idealerweise ausgewogene und differenzierende Belege für Aussagen, wie etwa: „Es hilft beim Lernen und Verstehen, wenn man abstrakte Inhalte mit Hilfe von Zeichnungen darstellt" (Fiorella und Zhang 2018).

Meta-Analysen gehen noch einen Schritt weiter und vergleichen und bewerten die einzelnen Arbeiten auch mit Hilfe statistischer Methoden. Aus den Einzelarbeiten zu einem Gegenstandsbereich werden die Effektgrößen herausgearbeitet, zusammengefasst und über mehrere Studien hinweg an der Stichprobengröße relativiert. Meta-Analysen informieren somit auch darüber, wie groß der Einfluss einer bestimmten Vorgehensweise oder eines relevanten Faktors für ein Untersuchungsergebnis ist. Interessante Meta-Analysen liegen zu verschiedenen Fragen vor, z. B. wie effektiv schlagen Lernstrategien auf die schulische Leistung durch (vgl. Donker et al. 2014)? Wie beeinflusst die Klassenzusammensetzung das Klima und die

Leistung in einer Klasse (vgl. van Ewijk und Sleegers 2010)? Macht es für die Qualität des Aufsatzschreibens bei Kindern einen Unterschied, ob sie mit der Hand schreiben lernen oder nicht (vgl. Santangelo und Graham 2017)? Am Ende entsteht durch die Auswertung einer systematischen Auswahl von Studien ein differenziertes Gesamtbild über die Größenordnung der Effekte, die Bedingungen, unter denen die Effekte aufgetreten sind, und die Konsistenz der Befunde (vgl. Hussy et al. 2013, S. 158 ff.). Auf einer weiteren Ebene werden die Meta-Analysen selbst einer kritischen Analyse unterzogen, wie es beispielsweise in der Arbeit von Hattie (2012) der Fall ist (Meta-Metaanalyse). In dieser Arbeit wird Evidenz für den Einfluss relevanter Faktoren auf das schulische Lernen zusammengetragen. Ob sich daraus einfache Empfehlungen für die konkrete Gestaltung von Lernumgebungen in der Praxis ableiten lassen, muss dennoch kritisch hinterfragt werden (vgl. Gold 2014; Terhart 2014), denn durch die Abstraktion gehen die Lernbedingungen und Lernbedürfnisse in der spezifischen Situation verloren. Die Umsetzung der Befunde aus den Überblicksarbeiten ist ein ganz eigener Schritt (vgl. Fisher et al. 2016).

1.4 Zusammenfassung

Psychologie als die Wissenschaft vom Verhalten und Erleben des Menschen wird in der Pädagogischen Psychologie auf Erziehung und Unterricht bezogen. Die Pädagogische Psychologie versteht sich als empirische Wissenschaft mit einem breiten Spektrum an Forschungsmethoden. Ergebnisse empirischer pädagogisch-psychologischer Forschung können dazu beitragen, Situationen im Kontext von Erziehung und Unterricht zu beschreiben und zu erklären, die Entscheidungsgrundlage für professionelles Handeln von Lehrerinnen und Lehrern zu differenzieren und zu erweitern und schließlich die Ergebnisse pädagogischen Handelns zu bewerten.

Literatur

Arnold, K.-H., Bos, W., Richert, P., & Stubbe, T. C. (2007). Schullaufbahnpräferenzen am Ende der vierten Klassenstufe. In W. Bos, S. Hornberg, K.-H. Arnold, G. Faust, L. Fried, E.-M. Lankes, K. Schwippert, & R. Valtin (Hrsg.), *IGLU 2006. Lesekompetenzen von Grundschulkindern in Deutschland im internationalen Vergleich* (S. 271–297). Münster: Waxmann.
Borsch, F. (2005). *Der Einsatz des Gruppenpuzzles in der Grundschule: Förderung von Lernerfolg, Lernfreude und kooperativen Fertigkeiten.* Hamburg: Dr. Kovac.

Borsch, F. (2015). *Kooperatives Lehren und Lernen im schulischen Unterricht*. Stuttgart: Kohlhammer.

Bos, W., Lankes, E.-M., Prenzel, M., Schwippert, K., Walther, G., & Valtin, R. (Hrsg.). (2003). *Erste Ergebnisse aus IGLU. Schülerleistungen am Ende der vierten Jahrgangsstufe im internationalen Vergleich*. Münster: Waxmann.

Bos, W., Hornberg, S., Arnold, K.-H., Faust, G., Fried, L., Lankes, E.-M., Schwippert, K., & Valtin, R. (Hrsg.). (2007). *IGLU 2006. Lesekompetenzen von Grundschulkindern in Deutschland im internationalen Vergleich*. Münster: Waxmann.

Bos, W., Tarelli, I., Bermerich-Vos, A., & Schwippert, K. (Hrsg.). (2012). *Lesekompetenzen von Grundschulkindern im internationalen Vergleich*. Münster: Waxmann.

Donker, A. S., de Boer, H., Kostons, D., Dignath van Ewijk, C. C., & van der Werf, M. P. C. (2014). Effectiveness of learning strategy instruction on academic performance: A meta-analysis. *Educational Research Review, 11*, 1–26.

van Ewijk, R., & Sleegers, P. (2010). The effect of peer socioeconomic status on student achievement: A meta-analysis. *Educational Research Review, 5*, 134–150.

Fiorella, L., & Zhang, Q. (2018). Drawing boundary conditions for learning by drawing. *Educational Psychologie Review, 33*, 1115–1137.

Fisher, D., Frey, N., & Hattie, J. (2016). *Visible learning for literacy. Implementing the practices that work best to accelerate student learning*. Thousand Oaks: Corwin Press.

Fleischer, J., Wirth, J., & Leutner, D. (2014). Effekte der kontextuellen Einkleidung von Testaufgaben auf die Schülerleistungen im analytischen Problemlösen und in der Mathematik. *Zeitschrift für Pädagogische Psychologie, 28*, 217–227.

Gold, A. (2014). Vergesst Hattie! Warum John Hatties Meta-Metaanalyse für die Lehrerbildung wenig brauchbar ist. *Schulverwaltung Hessen/Rheinland-Pfalz, 19*, 332–336.

Gold, A., Mokhlesgerami, J., Rühl, K., Schreblowski, S., & Souvignier, E. (2004). *Wir werden Textdetektive – Lehrermanual und Arbeitsheft*. Göttingen: Vandenhoeck & Ruprecht.

Guthrie, J. T., & Klauda, S. L. (2014). Effects of classroom practices on reading comprehension, engagement, and motivations for adolescents. *Reading Research Quarterly, 49*, 387–416.

Guthrie, J. T., & Taboada, A. (2004). Fostering the cognitive strategies of reading comprehension. In J. T. Guthrie, A. Wigfield, & K. C. Perencevich (Hrsg.), *Motivating reading comprehension* (S. 87–112). Mahwah: Lawrence Erlbaum.

Hattie, J. (2012). *Visible learning for teachers. Maximizing impact on learning*. London: Routledge.

Herrmann, T. (1991). *Lehrbuch der empirischen Persönlichkeitsforschung* (6. Aufl.). Göttingen: Hogrefe.

Hußmann, A., Wendt, H., Bos, W., Bremerich-Voß, A., Kasper, D., Lankes, E.-M., McElvany, N., Stubbe, T., & Valtin, R. (Hrsg.). (2017). *IGLU 2016. Lesekompetenzen von Grundschulkindern in Deutschland im internationalen Vergleich*. Münster: Waxmann.

Hussy, W., Schreier, M., & Echterhoff, G. (2013). *Forschungsmethoden in Psychologie und Sozialwissenschaften für Bachelor*. Berlin: Springer.

Kirkpatrick, L. C., & Klein, P. D. (2009). Planning text structure as a way to improve students' writing from sources in the compare-contrast genre. *Learning and Instruction, 19*, 309–321.

Kunter, M., & Trautwein, U. (2017). *Psychologie des Unterrichts*. Paderborn: Schöningh.

Langfeldt, H.-P. (2009). Systematische Trainingsprogramme zur pädagogischen Förderung. In H.-P. Langfeldt & G. Büttner (Hrsg.), *Trainingsprogramme zur Förderung von Kindern und Jugendlichen* (S. 2–15). Weinheim: Beltz PVU.

Makarova, E., Herzog, W., & Schönbächler, M.-T. (2014). Wahrnehmung und Interpretation von Unterrichtsstörungen aus Schülerperspektive sowie aus Sicht der Lehrpersonen. *Psychologie in Erziehung und Unterricht, 61*, 127–140.

Mokhlesgerami, J., Souvignier, E., Rühl, K., & Gold, A. (2007). Naher und weiter Transfer eines Unterrichtsprogramms zur Förderung der Lesekompetenz in der Sekundarstufe I. *Zeitschrift für Pädagogische Psychologie, 21*, 169–180.

Nolting, H.-P. (2011). *Störungen in der Schulklasse*. Beltz: Weinheim.

OECD (Hrsg.). (2017). *PISA 2015 Results (Volume 5): Collaborative Problem Solving*. Paris: OECD Publishings.

Pauli, C., Drollinger-Vetter, B., Hugener, I., & Lipowsky, F. (2008). Kognitive Aktivierung im Mathematikunterricht. *Zeitschrift für Pädagogische Psychologie, 22*, 127–133.

PISA-Konsortium (Hrsg.). (2001). *Basiskompetenzen von Schülerinnen und Schülern im internationalen Vergleich*. Opladen: Leske & Budrich.

PISA-Konsortium (Hrsg.). (2005). *PISA 2003. Der zweite Vergleich der Länder in Deutschland – Was wissen und können Jugendliche?* Münster: Waxmann.

PISA-Konsortium (Hrsg.). (2007). *PISA 2006: Die Ergebnisse der dritten internationalen Vergleichsstudie*. Münster: Waxmann.

PISA-Konsortium (Hrsg.). (2010). *PISA 2009 Ergebnisse: Was Schülerinnen und Schüler wissen und können*. Bielefeld: Bertelsmann.

PISA-Konsortium (Hrsg.). (2013). *PISA 2012 Ergebnisse: Was Schülerinnen und Schüler wissen und können*. Bielefeld: Bertelsmann.

Santangelo, T., & Graham, S. (2017). A comprehensive meta-analysis of handwriting instruction. *Educational Psychologie Review, 28*, 225–265.

Schneider, W. (2009). Diagnose basaler Lesekompetenzen in der Primar- und Sekundarstufe. In W. Lenhard & W. Schneider (Hrsg.), *Diagnostik und Förderung des Leseverständnisses* (S. 45–64). Göttingen: Hogrefe.

Schütte, K., Frenzel, A. C., Asseburg, R., & Pekrun, R. (2007). Schülermerkmale, naturwissenschaftliche Kompetenz und Berufserwartung. In PISA-Konsortium Deutschland (Hrsg.), *PISA 06: Die Ergebnisse der dritten internationalen Vergleichsstudie* (S. 125–146). Münster: Waxmann.

Terhart, E. (Hrsg.). (2014). *Die Hattie-Studie in der Diskussion*. Seelze: Kallmeyer.

Wecker, C., Rachel, A., Heran-Dörr, E., Waltner, C., Wiesner, H., & Fischer, F. (2014). Förderung von Theoriewissen durch die Präsentation theoretischer Ideen beim Forschenden Lernen – Effekte bei Jungen und Mädchen. *Psychologie in Erziehung und Unterricht, 61*, 15–27.

Weiterführende Literatur zu diesem Kapitel

Ormrod, J. E. (2011). *Educational psychology: Developing learners*. Boston: Pearson.

Rost, D. H. (2005). *Interpretation und Bewertung pädagogisch-psychologischer Studien*. Weinheim: Beltz.

Wisniewski, B. (2013). *Psychologie für die Lehrerbildung*. Bad Heilbrunn: Klinkhardt.

Entwicklung als Veränderung im Lebenslauf

2

Zusammenfassung

Menschen verändern sich ständig, sie passen sich der momentanen Situation, aber auch langfristig wirksamen Anforderungen und Umweltbedingungen an. Dieses Kapitel befasst sich mit nachhaltigen Veränderungen im Kindes- und Jugendalter. Es werden Gegenstand und Aufgaben der Entwicklungspsychologie vorgestellt und Methoden der Entwicklungspsychologie besprochen, wobei die Beobachtung eine besonders wichtige Stellung einnimmt. Es werden beschreibende Ordnungssysteme für Entwicklungsprozesse dargestellt und erklärende Modelle der Entwicklung diskutiert. Das Entwicklungsmodell von Jean Piaget wird als Beispiel eines Stufenmodells und der Informationsverarbeitungsansatz als alternativer theoretischer Zugang vorgestellt.

Fallbeispiel

Die Geografie-Stunde: Warum ist das alles so schwer?

Die Schülerinnen und Schüler der 9. Klasse von Herrn Lebold kämpfen sich im Geografie-Unterricht durch einen schwierigen Text und kommen nicht weiter. Schließlich beschweren sie sich bei ihrem Lehrer:

„Der Text ist wirklich zu schwer! Ich verstehe überhaupt nichts!", jammert Lena. „Ich auch nicht!", fügt Markus hinzu. „Ich gebe mir echt Mühe, aber ich habe nicht die leiseste Ahnung, was das alles soll." Die anderen Schülerinnen und Schüler nicken zustimmend.

(Fortsetzung)

© Springer-Verlag GmbH Deutschland, ein Teil von Springer Nature 2020   15
M. Imhof, *Psychologie für Lehramtsstudierende*, Basiswissen Psychologie,
https://doi.org/10.1007/978-3-662-58727-0_2

„Also gut", sagt Herr Lebold. „Schauen wir mal, was wir machen können und ob wir herausfinden können, warum ihr das alles so schwer findet."

Der Text, den die Schülerinnen und Schüler zu bearbeiten hatten, las sich in etwa so:

Primärsektor. Dieser Sektor wird auch Urproduktion genannt. Die Urproduktion liefert zumeist die Rohstoffe für ein Produkt. Zu diesem Sektor gehören z. B. Landwirtschaft, Forstwirtschaft, Fischerei (Wasserkraft). Es kann zwischen einer engen Definition und einer weiten Definition des Primärsektors unterschieden werden. Gemäß der engeren Definition der Branchenstruktur würden nur Land-, Forstwirtschaft und Fischerei dem Primärsektor zugeordnet.

Sekundärsektor. Der Sekundärsektor umfasst das produzierende Gewerbe einer Volkswirtschaft, d. h. den Sektor, der für die Verarbeitung von Rohstoffen zuständig ist. Dazu zählen etwa das verarbeitende Gewerbe, die Industrie, das Handwerk, die Energiewirtschaft, die Energie- und Wasserversorgung, zumeist auch das Baugewerbe. Charakteristisch für den Sektor ist die Weiterverarbeitung von Gütern aus dem Primärsektor, wodurch er materialintensiv ist.

Tertiärsektor. Der Tertiärsektor, oder auch Dienstleistungssektor, umfasst alle Dienstleistungen, die in eigenständigen Unternehmungen oder durch den Staat sowie in anderen öffentlichen Einrichtungen erbracht werden. Ihm gehören unter anderem folgende Wirtschaftszweige an: Handel, Verkehr, Logistik, Tourismus, Hotel- und Gaststättengewerbe, Nachrichtenübermittlung, Kreditinstitute, Versicherungen, Wohnungsvermietung, sonstige Unternehmen oder freie Berufe, die Dienstleistungen erbringen. Charakteristisch für den Sektor ist die Produktion durch Einsatz von Arbeit, dadurch ist der Sektor personalintensiv.

Quartärsektor. Es gibt unterschiedliche Definitionen für den quartären Sektor. Meist wird die Wirtschaft jedoch nur in drei Sektoren eingeteilt. In diesen Sektor fallen Tätigkeiten aus dem Bereich des tertiären Sektors, die besonders hohe intellektuelle Ansprüche stellen und ausgeprägte Verantwortungsbereitschaft erfordern. (Quelle: Wikipedia, aufgerufen am 18.05.2015, Stichwort „Wirtschaftssektor"; gekürzt und adaptiert von der Autorin)

Herr Lebold fragt nach: „Könnt ihr mir sagen, welche Probleme ihr beim Lesen gehabt habt? Vielleicht kann ich euch dann leichter helfen, den Text zu verstehen." Die Schülerinnen und Schüler beschreiben eifrig die Stellen, an denen sie Schwierigkeiten hatten. „Einige von den Fremdwörtern habe

(Fortsetzung)

ich im Leben noch nie gehört! Was heißt z. B. Tertiärsektor oder Quartärsektor?" „Ja, und was genau ist mit Rohstoffen gemeint?" „Da gibt es so viele Details – müssen wir die alle im Einzelnen auswendig lernen?" „Also, ich verstehe so langsam, was ihr meint", antwortet Herr Lebold. „Ich nehme mal an, vieles von dem, was da steht ist zu abstrakt. Und außerdem müsst ihr gar nicht alles haarklein auswendig lernen. Es ist wichtig, dass ihr den Kerngedanken erfasst, also das Prinzip der Wirtschaftsgliederung in verschiedene Sektoren und wie diese aufeinander aufbauen. Fangen wir mal mit der Urproduktion an." Herr Lebold schreibt an die Tafel: *Urproduktion – Nutzung von natürlichen Rohstoffen.* Und fragt: „Kann mir jemand sagen, welche Rohstoffe wir hier in Deutschland nutzen?" „Kohle", schlägt Ralf vor. „Milch!", sagt Karla. „… und Gemüse", fügt Moritz hinzu. „Prima Beispiele!", sagt Herr Lebold. „So, nun, wirtschaftliche Aktivitäten im Sekundären Sektor sind solche, bei denen diese Rohstoffe weiter verarbeitet werden. Was könnte das sein?" Er notiert an der Tafel weiter.

Fragen:

1. Was sind mögliche Gründe dafür, dass die Schülerinnen und Schüler mit dem Text Schwierigkeiten haben?
2. Mit welchen Maßnahmen unterstützt der Lehrer das Verständnis der Schülerinnen und Schüler?

(Nach: Ormrod 2008; Lösungshinweise im Anhang)

2.1 Gegenstand und Aufgaben der Entwicklungspsychologie

2.1.1 Bedeutung der Entwicklungspsychologie für Unterricht und Erziehung

Viele Lernvorgänge setzen einen bestimmten Entwicklungsstand voraus. Für alle Erziehungsmaßnahmen, für Unterrichtsinhalte und -methoden muss zunächst geklärt werden, ob die notwendigen individuellen Voraussetzungen bereits gegeben sind. Andererseits werden manche Lernvorgänge ab einem bestimmten Alter zunehmend schwieriger, beispielsweise der Erwerb des Lautspektrums der Sprache. Diese Voraussetzungen sind bei der Gestaltung von Lerngelegenheiten und Lernumgebungen zu berücksichtigen. Jedoch gibt es keine festen Grenzen, außerhalb derer bestimmte Entwicklungsmöglichkeiten völlig ausgeschlossen sind. Entwicklung ist also Basis und Voraussetzung für Erziehung und Bildung. Entwicklung ist aber auch deren Ergebnis, da sie in pädagogischen Situationen stattfindet. So kann beispielsweise Schulfähigkeit das Resultat einer Förderung im Kindergarten sein.

2.1.2 Gegenstand und zentrale Fragen der Entwicklungspsychologie

Entwicklungspsychologie beschäftigt sich mit Veränderungen von psychischen Prozessen, Verhaltensweisen und Merkmalen von Personen im Lebenslauf. Der Forschungsgegenstand lässt sich durch drei Aussagen beschreiben:

1. In der Entwicklungspsychologie geht es um längerfristige, *nachhaltige Veränderungen*, die auf das *Lebensalter* bezogen werden können.
2. Die Analyse von Entwicklungsprozessen berücksichtigt deren *Kontinuität*. Es wird gefragt, inwieweit Veränderungen durch vorausgegangene Erfahrungen beeinflusst werden.
3. Es geht in der Entwicklungspsychologie nicht nur um Wachstum, sondern auch um *Stabilität, Stagnation und Verlust* bereits erworbener Fähigkeiten.

Daraus kann man folgende drei zentrale Fragen der Entwicklungspsychologie ableiten:

1. Was verändert sich und wie verändert es sich? – Wie lassen sich die wichtigsten Inhalte der Veränderung ordnen und überschaubar machen? Wie lassen sich die Veränderungsprozesse beschreiben? (Beobachten und beschreiben)
2. Warum und wie findet Entwicklung statt? – Welches sind die Kräfte und Einflussfaktoren, die Veränderungen bewirken und gestalten? Welche Prognosen lassen sich aus gefundenen Gesetzmäßigkeiten ableiten? (Erklären und vorhersagen)
3. Wie ist Entwicklung gezielt beeinflussbar? – Wie können erwünschte Entwicklungen unterstützt und unerwünschte Entwicklungen verhindert werden? Wie wird der Erfolg von Erziehungs- und Bildungsmaßnahmen überprüft? (Fördern und evaluieren)

Zusammenfassend kann man also sagen: Die Entwicklungspsychologie befasst sich mit zeitüberdauernden und nachhaltigen quantitativen und qualitativen Veränderungen von Merkmalen und Prozessen, die auf die Zeitdimension des gesamten individuellen Lebenslaufes bezogen werden können.

2.1.3 Universelle Grundprinzipien der Entwicklung

Der Entwicklung liegen Veränderungsprinzipien zugrunde, die auch dem Lernen, Denken und zielorientierten Handeln gemeinsam sind und sich als universelle Lebensprinzipien auffassen lassen:

Anpassung oder Adaptation. Menschen verändern ihr Wissen und ihr Verhalten aufgrund von Erfahrungen. Sie gleichen ihre Vorstellungen und Handlungsmuster den Erfordernissen der Realität an. Menschen passen ihr subjektives Bild von der Welt aber auch den eigenen Bedürfnissen, Erwartungen und Vorerfahrungen an. Mechanismen hierfür sind:

- selektive Wahrnehmung (man beachtet und verarbeitet nur bestimmte Informationen)
- selektive Exposition (man setzt sich nur bestimmten Umweltbedingungen aus, beispielsweise einem Freundeskreis, oder vermeidet sie)
- aktive Gestaltung (man verändert seine Umgebung und gestaltet soziale Beziehungen)

Kognitive Ordnung und Organisation. Erfolgreiche Anpassungsprozesse sind nur in einer geordneten Welt denkbar. Ohne Regelhaftigkeit in der Umwelt wären Erkennen, Lernen und Denken unmöglich. Anpassungsleistungen basieren im Wesentlichen

- auf dem Erkennen von Ordnungen in der Umwelt, z. B. wenn Kinder lernen, belebte und unbelebte Aspekte der Umwelt zu unterscheiden oder Kategorisierungen anhand von Kriterien wie Form, Farbe oder Größe vorzunehmen;
- auf dem Herstellen von kognitiver (geistiger) Ordnung in Form von subjektiven Interpretationen und inneren Repräsentationen, z. B. wenn Kinder die Fähigkeit erwerben, Begriffe in Ober- und Unterklassen zusammenzufassen (Tiere > Säugetiere; Chemische Elemente > Metalle) oder die Motive von Verhalten zu erschließen;
- auf dem Herstellen von realer Ordnung zwecks besserer Überschaubarkeit, z. B. wenn Kinder Gegenstände oder Begriffe real oder gedanklich sortieren, etwa Rechenplättchen nach Form, Farbe und Größe gruppieren oder eine Skizze zeichnen, um die Entstehung von Gewittern darzustellen.

Der Aufbau subjektiver oder realer Ordnungen wird als *Organisation* bezeichnet. „Bausteine" dieser Organisation sind so genannte Schemata, d. h. Handlungen und mentale Prozesse, die wiederholt gemeinsam gezeigt oder abgerufen werden.

Ein Schema bilden beispielsweise die Handlungen, die eine Schülerin oder ein Schüler nacheinander einsetzt, um Informationen zu erhalten, die ihr oder ihm fehlen, wie etwa Nachschlagen im Lexikon oder Google.

Differenzierung und Integration. In der *Motorik* werden die Bewegungen zunehmend differenzierter, von der Grob- zur Feinmotorik; als Integrationsleistung wird eine immer bessere Koordination von Bewegungen möglich. Auch *Gefühle* werden zunehmend differenzierter; gleichzeitig ist eine Integration zu einer komplexen, auch widersprüchlichen Gefühlslage möglich. Auch im *kognitiven Bereich* spielen Differenzierung und Integration zusammen: Die Umwelt ist komplexer als die meist vereinfachenden Vorstellungen der Menschen. Diskrepanzen zwischen subjektiven Annahmen und der Realität erfordern eine ständige Neuorganisation von Erfahrungen – in der Regel in Form einer differenzierten Unterscheidung von Umweltaspekten, z. B. die Unterscheidung zwischen Quadrat, Rechteck, Raute, Parallelogramm und Trapez. Die zunehmende Differenzierung würde jedoch zu einer Überforderung führen, wenn nicht die Möglichkeit bestünde, die Erfahrungen wieder integrierend zusammenzufassen; um im Beispiel zu bleiben: die verschiedenen Figuren werden als Vierecke zusammengefasst, die man dann wiederum mit anderen geometrischen Figuren kontrastieren kann.

Methoden-Exkurs: Beobachtung als Forschungsmethode.
Die wissenschaftliche Beobachtung ist eine systematische Methode zur Erhebung von relevanten Daten zu einer spezifischen Fragestellung. Grundsätzlich ist die Beobachtung von Verhalten in jeder Situation möglich. Im Alltag kommen häufig Gelegenheitsbeobachtungen vor. Das ist z. B. der Fall, wenn eine Lehrerin wahrnimmt, dass ein bestimmter Schüler in einer Prüfungssituation ungewöhnlich blass wird. Die Gelegenheitsbeobachtung unterscheidet sich aber von der wissenschaftlichen Beobachtung durch folgende Kriterien (vgl. Graumann 1973):

Absichtlichkeit. Die Daten werden gezielt mit einer bestimmten Fragestellung gesammelt. Der Beobachter sucht die Information aktiv und sorgt möglicherweise auch dafür, dass die Situation so angelegt ist, dass die interessierenden Verhaltensweisen auch auftreten können, z. B. wenn ein Lehrer gezielt und wiederholt bestimmte Gruppenarbeiten arrangiert, um kooperatives Verhalten bei seinen Schülerinnen und Schülern zu erfassen.

Geplante Selektivität. Die Beobachtung von ausgewählten Aspekten einer Situation bringt es mit sich, dass andere Aspekte für den Moment ausgeblendet werden.

Auswertung und Aufzeichnung. Bei einer wissenschaftlichen Beobachtung wird das Verhalten möglichst umfassend systematisch registriert und dokumentiert, z. B. auch mit Hilfe von Video- und Tonaufzeichnungen. Die Daten werden anschließend sortiert, gebündelt, reduziert, gewichtet und in einem Beobachtungsbericht festgehalten.

Qualitätssicherung durch Gütekriterien einer Beobachtung. Für eine wissenschaftliche Beobachtung ist es erforderlich, einen Nachweis dafür zu erbringen, dass die Erhebung, Auswertung und Interpretation der Daten bestimmten Gütekriterien standhalten kann. Als Hauptgütekriterien gelten die Objektivität, Reliabilität und Validität der Beobachtung (vgl. Greve und Wentura 1997; Ulber und Imhof 2014; vgl. auch die Ausführungen zu den Gütekriterien in Kap. 4).

Die drei *Problembereiche der Beobachtung* sind:

- **Unvollständigkeit.** Ein Beobachter kann eine Situation wahrscheinlich immer nur unvollständig wahrnehmen und ist schnell durch die Datenmenge und die Komplexität der Situation überfordert. Man stelle sich nur vor, ein Beobachter wollte im Unterricht vollständig aufzeichnen, was vor sich geht.
- **Selektivität.** Bei Beobachtungen ist es recht wahrscheinlich, dass verschiedene Beobachter derselben Situation je nach inhaltlichem oder theoretischem Interesse auf unterschiedliche Dinge achten und diese festhalten.
- **Vermengung von Beschreibung, Interpretation und Bewertung.** Während der Beobachtung werden leicht Beschreibung, Interpretation und Bewertung vermengt, z. B. statt „Hans hat seine Hausaufgaben nicht vollständig." wird festgehalten: „Hans ist faul."

Eine wissenschaftliche Beobachtung orientiert sich an Hypothesen. Diese sind aus der Theorie, aus der Praxis (z. B. aus unsystematischen Gelegenheitsbeobachtungen) bzw. aus bisherigen empirischen Forschungsergebnissen abgeleitete Annahmen bzw. Erwartungen, die durch systematische Beobachtungsergebnisse (oder durch andere empirische Befunde) überprüft werden sollen.

Die Fehleranfälligkeit von Beobachtungen kann reduziert werden, wenn man

- Beobachtungssysteme mit klar festgelegten Beobachtungskriterien benutzt;
- gezielt Zeit- oder Ereignisstichproben nimmt, d. h., es wird nur in bestimmten Intervallen beobachtet bzw. die Beobachtung konzentriert sich auf bestimmte Ereignisse;
- technische und elektronische Hilfsmittel einsetzt;

- ein Beobachtertraining durchführt und den Beobachtern die Handhabung der Beobachtungskategorien vermittelt, ihnen Beobachtungs- und Beurteilungsfehler bewusst macht und das Beobachtungsverfahren einübt.

Beobachtungsmethoden in der Entwicklungspsychologie sind vielfach angewendet worden, z. B. mit folgenden Analyseschwerpunkten:

- Die Untersuchung von Kleinkindern erfolgt häufig über systematische Fremdbeobachtung. Beobachtungsstudien spielen auch für die Analyse von Unterricht eine prominente Rolle (vgl. z. B. Hugener et al. 2009; Seidel und Prenzel 2006).
- Die Auswertung von Tagebüchern (bevorzugt bei Jugendlichen und Erwachsenen) basiert auf Selbstbeobachtungen und Protokollierungen der Betroffenen selbst. Wagner et al. (2008) versuchten, mit Hilfe einer Tagebuchstudie zu erforschen, wie viel Zeit Schülerinnen und Schüler für Hausaufgaben aufwenden und wer dabei hilft (Wagner et al. 2005).
- Systematische Retrospektion beinhaltet eine nachträgliche Selbstbeobachtung und Rückerinnerung. Artelt (2000) fand in ihrer Untersuchung zur Frage, wie intensiv Schülerinnen und Schüler Lernstrategien einsetzen, dass retrospektive Selbstberichte bei Versuchsteilnehmern im Kindes- und Jugendalter nur wenig mit dem tatsächlich beobachteten Lernverhalten übereinstimmen.
- Wenn die betroffenen Personen selbst in Interviews oder mittels standardisierter Fragebögen befragt werden, basieren die Antworten ebenfalls auf Selbstbeobachtung. So untersuchten Imhof et al. (2007) das Computernutzungsverhalten bei Studierenden, indem sie Selbstauskünfte abfragten.

Was wird beobachtet? Direkt beobachtbar sind sichtbare Verhaltensweisen einschließlich Mimik und sprachlicher Äußerungen. Elektrische Aktivitäten des Nervensystems und der Muskulatur, Hormonausschüttungen und andere biochemische Prozesse können mittels technischer Hilfsmittel registriert werden. Beobachtbare Verhaltensweisen und Prozesse gelten jedoch oft nur als Indikatoren für „dahinterliegende" psychische Prozesse und Merkmale, für die man sich eigentlich interessiert, z. B. die Ängstlichkeit oder den Grad der Aktiviertheit einer Person.

Hypothetische Konstrukte. Persönlichkeitsmerkmale und innere Prozesse (Gedanken, Absichten, Aufmerksamkeit usw.) sind Beispiele für sogenannte „hypothetische Konstrukte", die sich nicht direkt beobachten lassen und erst aus beobachtbaren Verhaltensweisen erschlossen werden müssen. Es handelt sich dabei um wissenschaftliche, auf theoretischen Annahmen oder Hypothesen beruhende Konstruktionen.

Vertiefungsempfehlung
Imhof, M. (2009). Schülerbeobachtung und -beurteilung. In S. Preiser (Hrsg.), *Pädagogische Psychologie* (S. 309–319). München: Juventa.

In der Entwicklungspsychologie sind zwei Forschungsschwerpunkte zu unterscheiden. Zum einen arbeiten Wissenschaftler an der Frage, wie die Veränderungen von Verhalten und Erleben systematisch beschrieben werden können, indem sie an beschreibenden Modellen arbeiten. Zum anderen interessiert die Frage, wie diese Veränderungen zustande kommen, wodurch sie angestoßen und wie sie ggf. beeinflusst werden können. Diesem Punkt widmen sich die erklärenden Modelle der Entwicklungspsychologie. Beide Aspekte werden im Folgenden angesprochen.

2.2 Beschreibende Modelle der Entwicklung: Die Ordnung von Entwicklungsbereichen und Entwicklungsaufgaben

Entwicklungspsychologische Erkenntnisse lassen sich aus verschiedenen Perspektiven strukturieren. Einerseits kann man verschiedene Entwicklungsbereiche definieren und beschreiben, wie sich das Verhalten und die Kompetenzen in diesen Bereichen über die Zeit hinweg verändern. Andererseits kann man Entwicklung entlang zeitlicher Abschnitte im Lebenslauf beschreiben und dabei herausarbeiten, welche Verhaltensweisen und Kompetenzen für den jeweiligen Lebensabschnitt typisch sind. Beide Beschreibungsperspektiven werden in der Entwicklungspsychologie benutzt (vgl. Berk 2008; Schneider und Lindenberger 2018).

Entwicklungsbereiche. Die Vielfalt von Veränderungsprozessen in der menschlichen Entwicklung lässt sich verschiedenen Bereichen zuordnen, z. B.

- Körperliche Entwicklung: Längenwachstum, Nervenreifung, motorische Entwicklung
- Geistige Entwicklung: Entwicklung des Gedächtnisses, des Denkens, der Kreativität, Entwicklung von Schemata
- Entwicklung der Sprache: Entwicklung erster Lautäußerungen, Verwendung von Worten und Verständnis für gesprochene Worte, Aufbau des Wortschatzes und der Grammatik, Erlernen der Schriftsprache

- Motivationale Entwicklung: Differenzierung von Motiven und Zielen, beispielsweise der Neugier und Leistungsmotivation, Aufbau und Veränderung von Interessen, Entwicklung der Handlungssteuerung und Selbstkontrolle, Ursachenzuschreibungen
- Emotionale Entwicklung: Differenzierung von Gefühlen, wie z. B. Erregung, Furcht, Freude oder Liebe

Veränderungen in den einzelnen Entwicklungsbereichen können sich dabei gegenseitig beeinflussen. So kann etwa die körperliche Entwicklung, wie z. B. die Nervenreifung, die geistige Entwicklung, z. B. die Entwicklung des Gedächtnisses, beeinflussen.

Entwicklungsabschnitte. Es gibt viele Versuche, menschliche Entwicklung anhand von Entwicklungsschritten oder -stadien zu ordnen, die sich klar voneinander unterscheiden lassen. Stadienmodelle betonen, dass Entwicklungsprozesse in einer geordneten Abfolge stattfinden und vielfach aneinander anknüpfen bzw. aufeinander aufbauen. Den Entwicklungsstadien lassen sich bestimmte Entwicklungsaufgaben zuordnen.

Das Konzept der Entwicklungsaufgaben geht auf Havighurst zurück, der Entwicklungsaufgaben als Herausforderungen versteht, die sich dem Individuum in einer bestimmten Entwicklungsperiode stellen. Sie verlangen zielorientiertes Handeln und die Bewältigung von Anforderungen und Krisen. Problemsituationen sind Gelegenheiten, neue Verhaltens- und Sichtweisen zu entwickeln und bisherige Denk- und Handlungsmuster umzustrukturieren: „Eine Entwicklungsaufgabe ist eine Aufgabe, die in oder zumindest ungefähr zu einem bestimmten Lebensabschnitt des Individuums entsteht, deren erfolgreiche Bewältigung zu dessen Glück und Erfolg bei der Lösung nachfolgender Aufgaben beiträgt, während ein Misslingen zu Unglücklichsein des Individuums, zu Missbilligung seitens der Gesellschaft und zu Schwierigkeiten mit späteren Aufgaben führt" (Havighurst 1952; siehe auch Grob und Jaschinski 2003, S. 23). Dabei ist kritisch zu bedenken, dass die konkrete Liste der Entwicklungsaufgaben, die in Tab. 2.1 zusammengestellt sind, nicht normativ zu verstehen ist, sondern die inhaltliche Ausgestaltung von Entwicklungsaufgaben von kulturellen, historischen und individuellen Bedingungen entscheidend beeinflusst wird. (So variiert beispielsweise das Heiratsalter in verschiedenen Kulturen und zu verschiedenen Epochen sehr stark.) Der Kern der Entwicklungsaufgabe aber bleibt, denn in jedem Fall ist das Individuum aufgefordert, die gegebene Situation möglichst erfolgreich zu bewältigen.

Tab. 2.1 Entwicklungsaufgaben nach Havighurst (adaptiert aus Grob und Jaschinski 2003, S. 23 f. und Oerter und Dreher 2008; Auszug)

Entwicklungsperiode	Entwicklungsaufgaben
Säuglingsalter und frühe Kindheit (0–2 Jahre)	1. Anhänglichkeit (social attachment)
	2. Objektpermanenz
	3. Sensumotorische Intelligenz und schlichte Kausalität
	4. Motorische Funktionen
Kindheit (2–4 Jahre)	1. Selbstkontrolle (vor allem motorisch)
	2. Sprachentwicklung
	3. Phantasie und Spiel
	4. Verfeinerung der motorischen Funktionen
Schulübergang und frühes Schulalter (5–7 Jahre)	1. Geschlechtsrollenidentifikation
	2. Einfache moralische Unterscheidungen treffen
	3. Konkrete Operationen
	4. Spiel in Gruppen
Mittleres Schulalter (7–12 Jahre)	1. Soziale Kooperation
	2. Selbstbewusstsein (fleißig, tüchtig)
	3. Erwerb der Kulturtechniken (Lesen, Schreiben etc.)
	4. Spielen und Arbeiten im Team
Adoleszenz (13–18 Jahre)	1. Körperliche Reifung
	2. Formale Operationen
	3. Gemeinschaft mit Gleichaltrigen
	4. Heterosexuelle Beziehungen
Frühes Erwachsenenalter (18–30 Jahre) (Fortsetzung im Original)	1. Auswahl eines Partners
	2. Mit dem Partner leben lernen
	3. Berufseinstieg
	4. Verantwortung als Staatsbürger ausüben

Methoden-Exkurs: Untersuchungspläne in der Entwicklungspsychologie

In der entwicklungspsychologischen Forschung unterscheidet man Untersuchungen im Querschnitt und im Längsschnitt.

Bei *Querschnittsuntersuchungen* werden zu einem bestimmten Zeitpunkt verschiedene Menschen unterschiedlichen Alters untersucht. Es werden also Unterschiede zwischen Menschen auf unterschiedlichen Altersstufen erfasst. So haben beispielsweise Lockl und Schneider (2002) Grundschulkinder aus der ersten, dritten und vierten Klasse daraufhin untersucht, inwieweit sie bei einer konkreten Lernaufgabe in der Lage sind, ihre Lernaktivitäten an die Schwierigkeit der Aufgabe anzupassen. Dabei zeigte sich, dass Schülerinnen und Schüler der ersten Klasse für alle Aufgaben gleich viel Zeit aufwendeten und erst die älteren Kinder den Zeitaufwand an die Aufgabenschwierigkeit anpassten.

Bei *Längsschnittuntersuchungen* werden dieselben Personen zu verschiedenen Zeitpunkten, d. h. auf unterschiedlichen Altersstufen, wiederholt untersucht. Dabei werden individuelle Veränderungen von Merkmalen erfasst. Hünnerkopf et al. (2009) haben zum Beispiel untersucht, wie sich bei Kindern vom letzten Kindergartenjahr bis zum Ende der vierten Klasse der Gebrauch von Gedächtnisstrategien entwickelt. Im Abstand von 6 Monaten wurden dazu die Kinder immer wieder daraufhin untersucht, ob sie spontan Wiederholungs- und Organisationsstrategien nutzten und ob mit der Strategie-Nutzung ein Lernvorteil verbunden war. Die Autoren konnten den erwarteten Anstieg des strategischen Verhaltens und der Abrufleistung nachweisen. Sie konnten zeigen, dass der Gebrauch von Organisationsstrategien bei Kindern wahrscheinlich nicht allmählich, sondern sprunghaft zunimmt, d. h., die Kinder scheinen diese Strategien für das Lernen plötzlich zu „entdecken" und dann effektiv zu nutzen.

Querschnittsuntersuchungen haben gegenüber den Längsschnittuntersuchungen den Vorteil, dass sie ökonomischer in der Durchführung sind. Querschnittsuntersuchungen können aber nur über Entwicklungstrends Auskunft geben, denn die verschiedenen Alterskohorten wachsen möglicherweise unter sehr unterschiedlichen historischen Bedingungen auf, die sich auf die Entwicklung auswirken können (sog. Kohorteneffekte). Wenn man beispielsweise die Bedeutung des kindlichen Spiels für die Entwicklung untersuchen will, wird man schnell feststellen, dass man schon die Spiele der Kinder im Jahr 2019 mit denen der Kinder im Jahr 1980 gar nicht mehr vergleichen kann.

2.3 Erklärende Modelle der Entwicklung: Grundprinzipien und Einflussfaktoren

Nach der systematischen Beschreibung und Ordnung der Phänomene in der menschlichen Entwicklung stellt sich nun die Frage, wie diese erklärt werden können. In der entwicklungspsychologischen Forschung wird seit Langem die Frage diskutiert, inwieweit individuelle Merkmale von Erbanlagen bzw. von Umwelteinflüssen abhängig sind. Für die Pädagogische Psychologie sind folgende Fragen von Bedeutung:

- Inwieweit legen die Erbanlagen die Spielräume für die Entwicklung individueller Merkmale fest?
- Welche spezifischen Umweltbedingungen tragen zur Ausbildung von Merkmalen – im Rahmen der genetisch festgelegten Grenzen – bei?

Nach Sichtung der Forschungsliteratur kann man festhalten, dass sowohl Anlage als auch Umweltbedingungen für die Entwicklung von Bedeutung sind. Man kann erkennen, dass beispielsweise die Gestaltung der Lernumwelt in Kindergarten und Schule einen Einfluss auf die Entwicklung von Kreativität und Selbständigkeit hat (vgl. Preiser 2006). Unterrichtsstile von Lehrkräften haben nachweisbare Effekte auf die Entwicklung der Motivation bei Schülerinnen und Schülern (siehe z. B. Kunter et al. 2008).

Schulische Umwelten fördern oder hemmen die Entwicklung des selbstregulierten Lernens (Boekarts et al. 2006; Dignath et al. 2008). Spezifische häusliche Lernumwelten, z. B. elterliches Interesse an der Schule, Diskussionen sowie Gebrauch von Literatur, begünstigen intellektuelle Leistungen. Gezielte Leseaktivität in Familien fördert das Lesenlernen in der Schule (McElvany und Artelt 2007, 2009). Schließlich machen auch sogenannte kritische Lebensereignisse eine Veränderung im Verhalten und Erleben notwendig. Das könnten Situationen sein wie etwa der Schuleintritt oder Übertritt in eine andere Schule, ein Umzug oder die Geburt eines Geschwisters. Als Beispiel für den Einfluss genetischer Anlagen auf die Entwicklung kann man Reifungsprozesse anführen, die als Voraussetzungen für Lernprozesse gegeben sein müssen. So kann das Erlernen des Sprechens erst gelingen, wenn notwendige neuronale Reifungsprozesse abgeschlossen sind.

Entwicklungstheorien zwischen Anlage und Umwelt. Was treibt die Entwicklung an? Je nach theoretischer Grundorientierung werden diese Kräfte unterschiedlich lokalisiert bzw. akzentuiert:

- *Reifungstheorien* sehen den Motor der Entwicklung in den Erbanlagen des Individuums und der biologischen Ausstattung des Menschen.
- *Lerntheorien* sehen in Umweltbedingungen die Ursachen für Veränderungen.
- *Selbststeuerungstheorien* billigen Personen eigene Gestaltungskräfte zu. Die Person, die bestimmten Reizen ausgesetzt ist, passt ihr Verhalten in sinnvoller Weise ihrer Umgebung an. Innere Kräfte und selbstgesetzte Ziele legen die Richtung von Entwicklungsprozessen fest.

Reifung, Lernen und Selbststeuerung sind drei zentrale Entwicklungskräfte. Sie basieren auf den Einflussfaktoren Anlage, Umwelt und Individuum und interagieren in einem komplexen Zusammenspiel:

Die Wirkung bestimmter Umgebungseinflüsse hängt beispielsweise von der Aufnahmebereitschaft des Kindes ab. Je nach Persönlichkeit, nach Begabungen oder Behinderungen werden Eltern und Erzieher ihre Kinder unterschiedlich behandeln. Die sich entwickelnde Person wählt aus der Umwelt spezifische Erfahrungsmöglichkeiten aus, strukturiert ihre Erfahrungen gedanklich und gestaltet ihre Umgebung aktiv mit. Die Betonung einer komplexen *Person-Umwelt-Interaktion* ist als vierter theoretischer Ansatz zur Erklärung von Entwicklungsprozessen heute allgemein akzeptiert.

Die Bewältigung von Entwicklungsaufgaben gelingt nur dann optimal, wenn sie durch innere und äußere Ressourcen unterstützt wird. Dazu gehören beispielsweise kognitive Fähigkeiten und soziale Unterstützung. Den Ressourcen stehen *Risikofaktoren* gegenüber, die eine angemessene Bewältigung von Entwicklungsaufgaben stören können. Hierzu gehören beispielsweise erhöhte Impulsivität und ein inkonsequentes Erziehungsverhalten der Eltern.

2.4   Das Entwicklungsmodell von Piaget

Jean Piaget (1896–1980) war ursprünglich Biologe und befasste sich mit Erkenntnistheorie und insbesondere mit der geistigen Entwicklung des Menschen. Er arbeitete als Direktor des Psychologischen Instituts in Genf. Er wurde bekannt durch seine „konstruktivistische" Stadientheorie der Entwicklung, aber auch durch seine grundlegenden Annahmen über den Aufbau von Erkenntnis. Der Begriff „Konstruktivismus" steht für die Annahme, dass menschliches Wissen, Erkenntnis und Handlungsfähigkeit durch die Auseinandersetzung einer Person mit ihrer Umwelt aktiv konstruiert werden.

Piagets Ansatz wird hier beschrieben, weil es sich um ein theoretisch begründetes Modell handelt, das den Anspruch erhebt, empirisch beobachtbare Entwicklungsprozesse aus gemeinsamen Prinzipien zu erklären. Piaget beschreibt eingehend typische Verhaltensweisen von Kindern unterschiedlichen Alters und erklärt die beobachteten Veränderungen mit Prozessen der Adaptation und Organisation.

Vertiefungsempfehlung
Preiser, S. (2009). Entwicklung als Veränderung im Lebenslauf. In S. Preiser (Hrsg.), *Pädagogische Psychologie* (S. 147–179). München: Juventa.

2.4.1   Grundbegriffe und Grundannahmen

Nach den konstruktivistischen Grundannahmen Piagets bildet der Mensch die Gesamtheit seiner Erfahrungen in Form von geordneten Schemata im Geiste ab. Verantwortlich dafür sind grundlegende Funktionen, die sich als biologisch zweckmäßig oder notwendig erwiesen haben. Ein Schema ist nach Piaget ein geordnetes

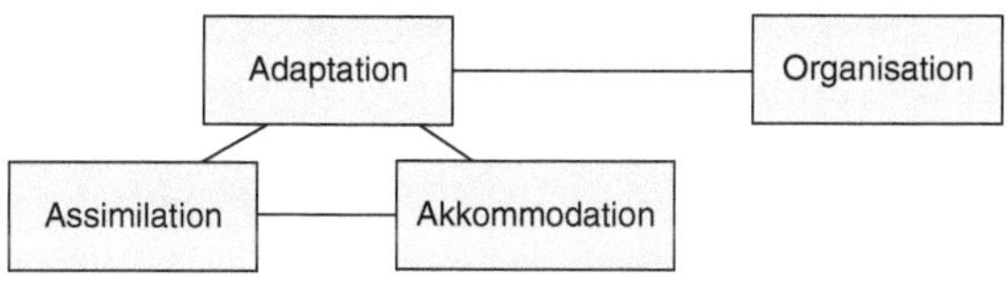

Abb. 2.1 Überblick über die invarianten Funktionen im Sinne Piagets

Verhaltens- oder Denkmuster, eine Verallgemeinerung oder Abstraktion von Aktivitäten (Operationen), die in bestimmten formalen Merkmalen übereinstimmen (z. B. das Saugschema des Säuglings, welches vom Saugen an der Brust auf andere Gegenstände wie Finger oder Schnuller übertragen wird). Aus den Verhaltensschemata des Säuglingsalters entwickeln sich nach Piaget die kognitiven (geistigen) Schemata durch Verinnerlichung des Handelns. Piaget postuliert darüber hinaus allgemeine, grundlegende und allen Lebewesen innewohnende biologische Prinzipien, die er „invariante Funktionen" nennt (vgl. Abb. 2.1).

Adaptation (Anpassung). Tendenz, sich aktiv der Umwelt anzupassen, und zwar sowohl physisch wie psychisch oder geistig. Intelligenz ist nach Piaget die höchste Form der geistigen Anpassung an die Umwelt. Piaget unterscheidet zwei komplementäre Teilprozesse der Adaptation: Assimilation und Akkommodation.

Assimilation. Piaget versteht darunter die Tendenz zur Anpassung der Umweltstruktur an den jeweiligen Entwicklungsstand des Individuums. Es wendet die bestehenden Strukturen und Schemata, d. h. die eigenen Denk- und Handlungsmöglichkeiten, auf die Gegebenheiten der Umwelt an bzw. gleicht die Gegenstände des Handelns und Denkens in der subjektiven Wahrnehmung an die eigenen Handlungs- und Wissensstrukturen an. Die Objekte und Ereignisse der Umwelt werden so behandelt und aufgefasst, dass sie „für die eigenen Strukturen passend" werden.

Beispiele: Ein Kleinkind, das über ein stabiles „Greifschema" verfügt, versucht einen Wasserstrahl mit Daumen und Zeigefinger zu greifen, so wie es ein Stück Papier greifen würde. Eine Schülerin, die in der Grundschule eine bestimmte Vorstellung davon entwickelt hat, wie Hausaufgaben zu erledigen sind, übernimmt dasselbe Verhalten, als sie im Gymnasium zum ersten Mal Hausaufgaben bekommt und malt einen Zierrand um das Blatt.

Akkommodation. Komplementär zur Assimilation beschreibt Piaget die Akkommodation als Anpassung der eigenen Handlungs- und Wissensstrukturen an die Umweltstruktur. Dies ist Ausdruck der Tendenz, das eigene Handeln und Denken (d. h. seine geistigen Strukturen) zu verändern und zu erweitern, wenn Versuche zur Assimilation scheitern (wenn Unstimmigkeiten und kognitive Konflikte auftreten). Die Anpassung der geistigen Strukturen an die Komplexität der Umwelt findet in einem Prozess der zunehmenden Differenzierung statt.

Beispiel: Ein Kleinkind, das einen Wasserstrahl nicht greifen kann, verändert das bestehende Greifschema und schöpft das Wasser mit der Handinnenfläche. Es entwickelt (= es akkommodiert) eine neue Variante des Greifschemas, das „Schöpfen".

Organisation. Tendenz, die physischen und psychischen Prozesse in zusammenhängenden Strukturen oder Systemen immer höherer Ordnung zu koordinieren oder zu integrieren. Im Prozess der Organisation wird ein Gleichgewicht zwischen notwendiger Differenzierung und hilfreicher Integration erreicht. Ein Beispiel dafür ist die Koordination von Sehen und Greifen zum zielgerichteten Greifen. Anpassungs- und Organisationsprozesse werden stimuliert durch fehlgeschlagene Assimilationsversuche, durch Konflikte zwischen verschiedenen Schemata, durch unerwartete Fragen und Probleme.

2.4.2 Stadien der kognitiven Entwicklung

Piaget hat eine Abfolge der geistigen Entwicklung aufgrund von Beobachtungen, Experimenten und Gesprächen mit Kindern entwickelt. Er postuliert eine klare Sequenz: Jedes Stadium ist die notwendige Voraussetzung für das nächste. Stadien können nicht übersprungen werden. Auch Rückschritte sind in diesem Modell nicht vorgesehen. Piaget unterscheidet vier große Stadien, die jeweils noch differenzierter unterteilt werden. Hier wird nur ein grober Überblick gegeben (vgl. Dollase 1985, S. 34–36; Ormrod 2011, S. 27–38; Sodian 2018). Die in Klammern stehenden Altersangaben sind nur ungefähre Richtgrößen.

Sensumotorisches Stadium (von der Geburt bis ca. 2 Jahre). Säuglinge und Kleinkinder in dieser Phase beschäftigen sich vornehmlich mit den Menschen, Dingen oder Vorgängen, die sie im Moment wahrnehmen. Sie nutzen die angeborenen Reflexmechanismen, z. B. den Saug- oder den Greifreflex, und üben und differenzieren diese (z. B. Saugen an Fingern, Flasche, Brust). Wenn sie zu einem angenehmen Ergebnis geführt haben, wiederholen sie die Handlung immer wieder und entdecken so Zweck-Mittel-Beziehungen, z. B. wenn sie durch Saugen Lust gewinnen. Sie nehmen einfache *Ursache-Wirkungs-Zusammenhänge* wahr und erleben sich als Auslöser für bestimmte Effekte. (So kann man beispielsweise beobachten, wie Kinder in diesem Alter mit der größten Freude viele Male einen Turm aus Bauklötzen umwerfen.) Die Kinder koordinieren diese vielfach geübten und mit der Zeit differenzierten

Handlungsschemata zu komplexeren Handlungen und sind schließlich in der Lage, die verschiedenen Schemata zu verbinden, z. B. Greifen und Saugen. Die Kinder passen die Handlungsschemata zunehmend an die Eigenschaften der Umwelt an, z. B. wenn das Kind mit verschiedenen Formen des Greifens (Tatzengriff, Pinzettengriff, Schöpfen) experimentiert. Im Laufe dieser Phase entwickeln die Kinder erste Verinnerlichungen der sensumotorischen Handlungen und der wahrnehmbaren Objekte. Sie bauen die Vorstellung auf, dass ein Gegenstand auch noch da ist, wenn er nicht mehr sichtbar ist, z. B. wenn er mit einem Tuch verdeckt wird (Objektpermanenz). Das Kind kann Geschehenes auch zeitverzögert nachahmen, was darauf schließen lässt, dass es die Handlungen gedanklich repräsentiert und gespeichert haben muss. Es entwickelt ein symbolisches Verständnis und ist zu ersten „Als-ob"-Handlungen fähig (Symbolhandlungen). Die Symbole erscheinen typischerweise in Form von einzelnen Wörtern, die als „Einwortsätze" mit komplexen Bedeutungen versehen sind.

Stadium des voroperationalen, anschaulichen Denkens (2 bis ca. 7 Jahre). Diese Phase hat Piaget durch eine Reihe von „Denkfehlern" beschrieben. Typisch in dieser Phase ist, dass die Kinder *animistische Deutungen* vornehmen und auch unbelebten Gegenständen menschliche Regungen zuschreiben („Der Regen mag die Sonne nicht."). Sie deuten ihre Welt anhand *finalistischer Erklärungen* („Die Eisenbahn ist da, damit ich zur Oma fahren kann."). Sie äußern *artifizialistische Naturdeutungen* („Der Himmel hat den Regen gemacht.") oder *zirkuläre Deutungen* („Der Wind bewegt die Wolken." – „Die Wolken bewegen den Wind."). Das Kind zeigt dadurch, dass es zwar eine Reihe von Schemata beherrscht, jedoch fehlerhaft assimiliert, weil es die Grenzen der Schemata für verschiedene Phänomene noch nicht sieht. Typisch für diese Zeit ist auch der *Egozentrismus* des Kindes, seine (kognitive) Unfähigkeit , die Perspektive eines anderen einzunehmen. Es muss z. B. erst noch lernen, beim Erzählen dem Zuhörer die Information zu präsentieren, die er oder sie braucht, um eine Geschichte zu verstehen. Die Kinder haben Schwierigkeiten, mehrere Aspekte einer Situation zugleich zu beachten. Diese Zentrierung des Kindes auf einzelne Aspekte wird in den Konservierungsversuchen illustriert. Im sogenannten Umschüttversuch findet man, dass das Kind die Flüssigkeitsmenge in einem Glas nach der Höhe des Flüssigkeitsstandes bewertet. Es kann passieren, dass ein Kind Saft, den man aus einem breiten, niedrigen Glas in ein schmales, hohes gegossen hat, nun für „mehr" hält, auch wenn man den Saft vor seinen Augen umschüttet. Es ist hierbei in anderer Weise zentriert: nicht auf den Vorgang des Umschüttens, sondern nur auf das Ergebnis.

Stadium der konkreten Operationen (7 bis ca. 11 Jahre). Das Kind ist in diesem Stadium zwar noch auf die konkret gegebene Information angewiesen, jedoch ist es zu einfachen logischen Schlussfolgerungen in der Lage. Kinder entwickeln erste „Operationssysteme", d. h. sie entwickeln Lösungsschemata, bei denen sie komplexere und vor allem auch mehrere Dimensionen zugleich beachten. Sie sind in der Lage, Objekte zu Klassen zusammenzufassen und diese Klassen hierarchisch zu ordnen, z. B. eine hierarchisch verschachtelte Sortierung von Hund, Katze, Maus, Vogel, Fisch, Haustier, Raubtier, Lebewesen zu vollziehen. Den Kindern gelingt die Seriation asymmetrischer Objekte, z. B. Reihung von Klötzen der Größe nach, und sie schaffen zweidimensionale Sortierungen, z. B. Sortierung von Plättchen nach Größe und Farbe in einer Matrix. Die Kinder können die Erhaltung von Mengen und Volumen bei verschiedenen Transformationen (vgl. Umschüttversuch) erkennen. Die Verknüpfung von Klasseninklusion, Seriation und Konservierung sind Voraussetzungen für die Entwicklung des Zahlbegriffs.

Stadium der formalen Operationen (ab ca. 11 Jahre bis ins Erwachsenenalter). Ältere Kinder und Jugendliche können im Denken über die konkret anschauliche Information hinausgehen und sind in der Lage, sich neue Information aus vorhandener Information durch formal-logische Schlüsse abzuleiten. In dieser Phase sind die Kinder und Jugendlichen fähig, Hypothesen aufzustellen und diese systematisch zu prüfen. Beispielsweise können Kinder in diesem Stadium durch systematische Variation der Bedingungen herausfinden, von welchen Bedingungen die Geschwindigkeit eines Pendels abhängt (Länge, Gewicht, Anstoßimpuls). Es wächst das Verständnis für Proportionen, Mischungsverhältnisse, nicht-lineare Beziehungen, Wechselwirkungen und Kompensationsverhältnisse (z. B. Strecke und Gewicht beim Hebelgesetz).

2.4.3 Bewertung und Kritik an Piagets Theorie

Die Entwicklungstheorie von Piaget hat aus verschiedenen Perspektiven Kritik erfahren (vgl. Keller 2015; Ormrod 2011; Sodian 2018). So hat Piaget kaum berücksichtigt, dass Kinder nicht nur lernen, indem sie experimentieren, sondern auch durch Beobachtung und soziale Interaktion. Ebenso blieb bei Piaget unberücksichtigt, dass kognitive Entwicklung in verschiedenen gesellschaftlichen oder kulturellen Kontexten unterschiedlich abläuft. Aus der neueren Forschung wird auch erkennbar, dass Piaget die Kompetenzen verschiedener Altersgruppen nicht ganz zutreffend beschrieben hat: Kinder sind kompetenter, Jugendliche weniger kompetent als von Piaget angenommen. Beispielsweise können schon 2 ½ Monate alte Kinder Objektpermanenz zeigen. Die Fähigkeit, logische Schlussfolgerungen zu ziehen, hängt auch vom Vorwissen der Kinder ab. Bei entsprechendem Vorwissen gelingt Kindern bereits in der Phase des konkreten Denkens die Begründung von logischen Schlüssen. Das formal-operationale Denken hingegen entwickelt sich langsamer als von Piaget angenommen. Es baut sich schrittweise über einen langen Zeitraum auf und beruht auf dem Einfluss von Vorwissen und Erfahrungen.

Piagets Untersuchungen und Theorien waren für die Forschung äußerst anregend und werden auch heute noch berücksichtigt. Die strengen Annahmen über die zwingend notwendige Abfolge einzelner Entwicklungsschritte lassen sich allerdings heute nicht mehr aufrechterhalten. Auch die Altersangaben über das erstmalige Auftreten bestimmter kognitiver Operationen lassen sich nicht bestätigen. Bei kindgemäßen Untersuchungsmethoden können Kinder die von Piaget benutzen Aufgaben bereits deutlich früher lösen. Neuere Untersuchungen legen auch nahe, dass das spezifische Vorwissen der Kinder und Jugendlichen eine große Rolle dafür spielt, ob bestimmte Aufgaben erfolgreich gelöst werden. Nach wie vor hilfreich sind aber die von Piaget formulierten universellen Prinzipien der Entwicklung.

Auf der Basis der entwicklungspsychologischen Theorie von Piaget wurden Prinzipien für die Gestaltung von Lernumgebungen entwickelt. Dazu gehören:

- Vor der Informationsvermittlung: Erzeugen Sie Neugier oder einen Konflikt! Lernende brauchen eine (selbst gestellte!) Frage, um die Antwort darauf verstehen zu können.
- Achten Sie auf den Entwicklungsstand der Schülerinnen und Schüler und bedenken Sie dabei die Unterschiede innerhalb einer Klasse.
- Prüfen Sie die Lernvoraussetzungen, denn nicht alle Lernenden haben zur selben Zeit denselben Wissensstand und dieselben Lernmöglichkeiten.
- Lassen Sie die Schülerinnen und Schüler selbst experimentieren und erforschen, denn Lernen findet in der aktiven Auseinandersetzung mit der Umwelt statt.
- Bringen Sie abstrakte Inhalte mit konkreten, wahrnehmbaren Objekten und Sachverhalten in Verbindung. Je jünger die Lernenden sind, desto wichtiger ist das. Mit Anschaulichkeit helfen Sie aber auch älteren Lernenden, vor allem wenn sie noch wenig Vorwissen zu einem Thema besitzen.
- Fordern Sie Schülerinnen und Schüler durch Nachfragen heraus, denn so können kognitive Konflikte erzeugt werden, die die Voraussetzung für Neulernen und Umlernen sind.

Vertiefungsempfehlung
Sodian, B. (2018). Denken. In W. Schneider & U. Lindenberger (Hrsg.), *Entwicklungspsychologie* (S. 395–422). Weinheim: Beltz.

2.5   Der Informationsverarbeitungsansatz in der Entwicklungspsychologie

In der neueren Entwicklungspsychologie werden stärker die Einzelkompetenzen, die dazu beitragen, dass Menschen Information umfassend und effektiv verarbeiten, in den Mittelpunkt der Forschung gestellt (vgl. Hasselhorn 2008; Meadows 2006). Die informationsverarbeitungstheoretischen Ansätze in der Entwicklungspsychologie betrachten dabei sowohl kognitive als auch motivationale Kompetenzen. Ähnlich wie konstruktivistische Lerntheorien gehen auch sie davon aus, dass der Mensch lernt, indem er Wissen aktiv konstruiert. Im Gegensatz zu Piagets Stadientheorie jedoch vollzieht sich aus der Sicht der informationsverarbeitungstheoretischen Ansätze Entwicklung stetig und kontinuierlich.

Die relevanten Entwicklungsaspekte sind dabei Aufmerksamkeit und Gedächtnis, Lernstrategien und Metakognition, die Wissensbasis und motivationale sowie volitionale Kompetenzen (vgl. Hasselhorn 2008).

Aufmerksamkeit. Die Entwicklungstrends sind dadurch charakterisiert, dass die Aufmerksamkeitsspanne im Kindes- und Jugendalter über die Zeit zunimmt (bevor sie in höherem Alter wieder abnimmt). Ebenso nimmt die Fähigkeit zu, Aufmerksamkeit zu fokussieren und Information selektiv aufzunehmen, so dass nur die wichtigen Dinge beachtet und andere ausgeblendet werden können (vgl. Higgins und Turnure 1984). Je älter die Kinder sind, desto eher können sie ihre Aufmerksamkeit an die Erfordernisse der Situation anpassen. Auch die Fähigkeit, Aufmerksamkeit planvoll zu steuern, nimmt zu, so dass Kinder und Jugendliche zunehmend besser in der Lage sind, Aufgaben inhaltlich und zeitlich zu strukturieren.

Wissensbasis und Gedächtnis. Im Laufe der Kindheit wird das Langzeitgedächtnis umfangreicher und die Inhalte werden besser vernetzt und organisiert, z. B. indem Hierarchien gebildet werden. Auch das Arbeitsgedächtnis wird umfangreicher und flexibler.

Lernstrategien. Während im Grundschulalter Wiederholungsstrategien überwiegen, nehmen in der mittleren Kindheit allmählich auch Organisationsstrategien zu. Kinder bilden spontan Kategorien und beginnen, Beziehungen zwischen Inhalten, Gegenständen oder Fächern herzustellen. Ältere Kinder und Jugendliche (ab 10–11 Jahre) erwerben komplexere Strategien, die sie selbstständig an die Aufgaben angepasst einsetzen. Unter Anleitung können auch jüngere Kinder Gedächtnisstrategien erwerben und diese erfolgreich anwenden, wenn sie dazu in der konkreten Situation angeregt werden.

Metakognition. Das Nachdenken über das Denken und die Fähigkeit, das Lernen selbst zu regulieren, entwickeln sich langsam. Erst im Alter von ca. 12 Jahren findet man, dass Kinder ihre Anstrengungen, z. B. den Zeitaufwand, beim Lernen systematisch an die Aufgabenschwierigkeit anpassen. So fällt es Schulanfängern noch schwer, bestimmte Aspekte von Lernmaterial nicht zu beachten oder zu vergessen (vgl. Kress und Hasselhorn 2000).

Motivation. Schülerinnen und Schüler lernen erst im Laufe der Schulzeit bei der Erklärung von Erfolg und Misserfolg zwischen der eigenen Fähigkeit und der Anstrengung als Ursachen zu unterscheiden. Erst ab dem Alter von ca. 12 Jahren können Kinder erkennen, dass sie bestimmte Aufgaben trotz aller Anstrengung nicht lösen können (vgl. Skinner 1995).

Volition. Die Fähigkeit, eine Handlungsabsicht in ein Ziel und dieses in die Tat umzusetzen und gegen Ablenkungen aufrecht zu erhalten, wird als Volition bezeichnet. Dies erfordert ein hohes Maß an Selbstregulation (vgl. auch Hofer 2007), die im Laufe der Schulzeit ausgebildet wird. Lehrerinnen und Lehrer berücksichtigen diese Voraussetzungen bei der Gestaltung von Lernumgebungen, indem sie auf die folgenden Aspekte achten:

- Unterstützen Sie die Aufmerksamkeitsfunktionen der Lernenden! Bereiten Sie Unterricht so vor, dass Ablenkungen minimiert werden, z. B. indem Sie darum bitten, nur Stift und Papier auf den Tischen zu behalten, oder auf eine klar strukturierte Präsentation von Inhalten achten. Bei der Formulierung von Arbeitsaufträgen sollten Sie auf nebensächliche oder ausschmückende Details verzichten, um die Schülerinnen und Schüler nicht zu verwirren. Es kann gerade bei jüngeren Kindern angebracht sein, sie dabei zu unterstützen, Wichtiges von Unwichtigem zu trennen und Vorgehensweisen vorzuschlagen und gemeinsam einzuüben, wie man dabei vorgehen kann.
- Achten Sie auf das Vorwissen der Lernenden! Beziehen Sie das Vorwissen der Schülerinnen und Schüler aktiv in die Instruktion ein und bauen Sie darauf auf. Sie können Ihre Schülerinnen und Schüler dabei unterstützen, Beziehungen herzustellen zwischen bekannten und neuen Inhalten. Dabei können unterschiedliche Vorgehensweisen sinnvoll sein, z. B. die Nutzung von Mindmaps, Fallbeispielen oder Brainstorming-Methoden (vgl. Krause und Stark 2006).
- Vermitteln Sie altersadäquate Lernstrategien! Während in der Grundschule Wiederholungsstrategien thematisiert werden, können später Organisations- und Elaborationsstrategien angeregt werden. Dabei ist es wichtig, die Lernstrategien explizit zu erklären, und dass Sie den Schülerinnen und Schülern konkret

am Stoff zeigen, wann welche Lernstrategien nützlich und effektiv sind und entsprechende Übungsmöglichkeiten vorsehen (vgl. Spörer et al. 2009; Spörer et al. 2008). Insgesamt beeinflusst die Vermittlung von Lernstrategien im Unterricht Lernen und Leistung, aber auch Motivation und Einstellungen positiv (vgl. Seidel und Shavelson 2007).

- Achten Sie auf die Entlastung der kognitiven Ressourcen und des Arbeitsgedächtnisses der Lernenden! Sie können gerade Anfängern bei der Einführung von komplexen Konzepten und Prozeduren den Blick auf das Wesentliche erleichtern und das Arbeitsgedächtnis entlasten, wenn Sie die Methode des beispielbasierten Lernens einsetzen (vgl. Hilbert und Renkl 2008). Sie fördern die Informationsverarbeitung, indem sich Schüler und Schülerinnen zunächst anhand von ausgearbeiteten, vollständig gelösten Aufgaben in eine Thematik einarbeiten. Nach und nach nehmen Sie dann die Unterstützung durch die vorgefertigten Lösungen weg (vgl. Hilbert et al. 2006).

Zu den kritischen Punkten der informationsverarbeitungstheoretischen Ansätze in der Entwicklungspsychologie gehört, dass soziale und kulturelle Entwicklungseinflüsse nicht systematisch berücksichtigt werden (vgl. Vygotsky 1978). Auch die Frage, wodurch Entwicklung angestoßen und gefördert wird, z. B. durch Hirnreifung oder Training, wird nicht beantwortet (vgl. Montada et al. 2018).

2.6 Zusammenfassung

Entwicklungspsychologie befasst sich beschreibend und erklärend mit zeitüberdauernden und nachhaltigen Veränderungen im individuellen Lebenslauf, aber auch mit der Stabilität und Kontinuität von Merkmalen und Prozessen. Es gibt einerseits universelle Grundprinzipien der Entwicklung, andererseits vollzieht sich Entwicklung in Interaktion mit kulturellen Kontexten und unterliegt einem historischen Wandel. Entwicklungspsychologische Forschung bedient sich des gesamten Methodenspektrums der Psychologie, hat aber auch eigene Untersuchungsansätze und Untersuchungspläne wie Querschnitt- und Längsschnittuntersuchungen entwickelt. Eine wichtige Methode zur Erfassung von Veränderungen ist die systematische Beobachtung. Entwicklung ist ein lebenslanger Prozess. Die Beschreibung von Entwicklungsprozessen erfolgt nach Entwicklungsbereichen und nach Lebensabschnitten bzw. Stadien. Verschiedene Merkmale haben ganz unterschiedliche Entwicklungsverläufe, die sich auch noch je nach Person unterscheiden. Erklärende Einflussfaktoren sind Anlagen, Umwelt und Selbststeuerungskräfte der Person sowie die Interaktion dieser Faktoren. Die Anlagen und die vorangegangenen Erfahrungen legen Spielräume und Grenzen für die Entwicklungsförderung fest. Entwicklung ist abhängig von inneren und äußeren Ressourcen und Risikofaktoren.

Theorie und Praxis
Welche Bedeutung haben entwicklungspsychologische Erkenntnisse für die Entscheidungen von Lehrerinnen und Lehrern?
Eine Lehrerin möchte mit einer Klasse zum Thema Magnetismus arbeiten. Ziel ist es, dass die Schülerinnen und Schüler Materialien, die von Magneten angezogen werden, von solchen unterscheiden können, die nicht magnetisch angezogen werden.

Fragen:

1. Was müsste die Lehrerin aus der Sicht der Theorie von Piaget beachten, wenn sie dieses Thema in der Grundschule behandeln möchte?
2. Wie kann die Lehrerin aus der Sicht der Theorie von Piaget ihre Vorgehensweise ändern, wenn sie mit Schülerinnen und Schülern der Oberstufe arbeitet?
3. Welche Hinweise zur Behandlung des Themas geben informationsverarbeitungstheoretische Ansätze?

(Lösungshinweise im Anhang)

Literatur

Artelt, C. (2000). Wie prädiktiv sind retrospektive Selbstberichte über den Gebrauch von Lernstrategien für strategisches Lernen? *Zeitschrift für Pädagogische Psychologie, 14*, 72–84.
Berk, L. E. (2008). *Entwicklungspsychologie*. München: Pearson.
Boekarts, M., de Koning, E., & Vedder, P. (2006). Goal directed behavior and contextual factors in the classroom: An innovative approach to the study of multiple goals. *Educational Psychologist, 41*, 33–51.
Dignath, C., Büttner, G., & Langfeldt, H.-P. (2008). How can primary students learn self-regulated learning strategies most effectively? A meta-analysis on self-regulation training programmes. *Educational Research Review, 3*, 101–129.
Dollase, R. (1985). *Entwicklung und Erziehung. Angewandte Entwicklungspsychologie für Pädagogen*. Stuttgart: Klett.
Graumann, C. F. (1973). Grundzüge der Verhaltensbeobachtung. In C. F. Grauman & H. Heckhausen (Hrsg.), *Pädagogische Psychologie 1. Entwicklung und Sozialisation* (S. 14–42). Frankfurt: Fischer.

Greve, W., & Wentura, D. (1997). *Wissenschaftliche Beobachtung*. Weinheim: Beltz PVU.

Grob, A., & Jaschinski, U. (2003). *Erwachsen werden*. Weinheim: Beltz BVU.

Hasselhorn, M. (2008). Competencies for successful learning: Developmental changes and constraints. In J. Hartig, E. Klieme, & D. Leutner (Hrsg.), *Assessment of competencies in educational contexts* (S. 23–43). Göttingen: Hogrefe & Huber Publishers.

Havighurst, R. J. (1952). *Developmental tasks and education*. New York: Longman.

Higgins, A. T., & Turnure, J. E. (1984). Distractibility and concentration of attention in children's development. *Child Development, 55*, 1799–1810.

Hilbert, T., & Renkl, A. (2008). Lernen mit Lösungsbeispielen. In J. Zumbach & H. Mandl (Hrsg.), *Pädagogische Psychologie in Theorie und Praxis* (S. 15–23). Göttingen: Hogrefe.

Hilbert, T., Wittwer, J., Renkl, A., & vom Hofe, R. (2006). Kognitiv aktiv – aber wie? Lernen mit Selbsterklärungen und Lösungsbeispielen. *Mathematik lehren, 135*, 62–64.

Hofer, M. (2007). Goal conflicts and self-regulation: A new look at pupils' off-task behavior in the classroom. *Educational Research Review, 2*, 28–38.

Hugener, I., Pauli, C., Reusser, K., Lipowsky, F., Rakoczy, K., & Klieme, E. (2009). Teaching patterns and learning quality in Swiss and German mathematics lessons. *Learning and Instruction, 19*, 66–78.

Hünnerkopf, M., Kron-Sperl, V., & Schneider, W. (2009). Die Entwicklung des strategischen Gedächtnisses im Laufe der Grundschulzeit. Zusammenfassende Ergebnisse der Würzburger Längsschnittstudie. *Zeitschrift für Entwicklungspsychologie und Pädagogische Psychologie, 41*, 1–11.

Imhof, M., Vollmeyer, R., & Beierlein, C. (2007). Computer use and gender: The issue of access, use, and performance. *Computers in Human Behavior, 23*, 2823–2837.

Keller, H. (Hrsg.). (2015). *Entwicklungspsychologie*. Bern: Huber.

Krause, U.-M., & Stark, R. (2006). Vorwissen aktivieren. In H. Mandl & H. F. Friedrich (Hrsg.), *Handbuch Lernstrategien* (S. 38–49). Göttingen: Hogrefe.

Kress, B., & Hasselhorn, M. (2000). Können Schulanfänger noch nicht willentlich vergessen? *Zeitschrift für Entwicklungspsychologie und Pädagogische Psychologie, 32*, 186–191.

Kunter, M., Tsai, Y.-M., Klusmann, U., Brunner, M., Krauss, S., & Baumert, J. (2008). Students' and mathematics teachers' perceptions of teacher enthusiasm and instruction. *Learning and Instruction, 18*, 468–482.

Lockl, K., & Schneider, W. (2002). Zur Entwicklung des selbstregulierten Lernens im Grundschulalter: Zusammenhänge zwischen Aufgabenschwierigkeit und Lernzeiteinteilung. *Psychologie in Erziehung und Unterricht, 49*, 3–16.

McElvany, N., & Artelt, C. (2007). Das Berliner Eltern-Kind Leseprogramm: Konzeption und Effekte. *Psychologie in Erziehung und Unterricht, 54*, 312–330.

McElvany, N., & Artelt, C. (2009). Systematic reading training in the family: Development, implementation, and initial evaluation of the Berlin parent-child reading program. *Learning and Instruction, 19*, 79–95.

Meadows, S. (2006). *The child as thinker*. London: Routledge.

Montada, L., Lindenberger, U., & Schneider, W. (2018). Fragen, Konzepte, Perspektiven. In W. Schneider & U. Lindenberger (Hrsg.), *Entwicklungspsychologie* (S. 27–60). Weinheim: Beltz.

Oerter, R., & Dreher, E. (2008). Jugendalter. In R. Oerter & L. Montada (Hrsg.), *Entwicklungspsychologie* (S. 271–332). Weinheim: Beltz PVU.

Ormrod, J. E. (2008). *Educational psychology: Developing learners*. Boston: Pearson.

Ormrod, J. E. (2011). *Educational psychology: Developing learners*. Boston: Pearson.

Preiser, S. (2006). Kreativitätsförderung – Lernklima und Erziehungsbedingungen in Kindergarten und Grundschule. In M. K. W. Schweer (Hrsg.), *Das Kindesalter* (S. 27–47). Frankfurt: Peter Lang.

Schneider, W., & Lindenberger, U. (Hrsg.). (2018). *Entwicklungspsychologie*. Weinheim: Beltz.

Seidel, T., & Prenzel, M. (2006). Stability of teaching patterns in physics instruction: Findings from a video study. *Learning and Instruction, 16*, 228–240.

Seidel, T., & Shavelson, R. J. (2007). Teaching effectiveness research in the past decade: The role of theory and research design in disentangling meta-analysis results. *Review of Educational Research, 77*, 454–499.

Skinner, E. (1995). *Perceived control, motivation, and coping*. Newbury Park: Sage.

Sodian, B. (2018). Denken. In W. Schneider & U. Lindenberger (Hrsg.), *Entwicklungspsychologie* (S. 395–422). Weinheim: Beltz.

Spörer, N., Seuring, V., Schünemann, N., & Brunstein, J. C. (2008). Förderung des Leseverständnisses von Schülern der 7. *Klasse. Effekte peer-gestützten Lernens in Deutsch und Englisch. Zeitschrift für Pädagogische Psychologie, 22*, 247–259.

Spörer, N., Brunstein, J. C., & Kieschke, U. (2009). Improving students' reading comprehension skills: Effects of strategy instruction and reciprocal teaching. *Learning and Instruction, 19*, 272–286.

Ulber, D., & Imhof, M. (2014). *Beobachtung in der Früherziehung*. Stuttgart: Kohlhammer.

Vygotsky, L. S. (1978). *Mind in society: The development of higher psychological processes*. Cambridge: Harvard University Press.

Wagner, P., Schober, B., & Spiel, C. (2005). Wer hilft beim Lernen für die Schule? *Zeitschrift für Entwicklungspsychologie und Pädagogische Psychologie, 37*, 101–109.

Wagner, P., Schober, B., & Spiel, C. (2008). Time students spend on working at home for school. *Learning and Instruction, 18*, 309–320.

Weiterführende Literatur zu diesem Kapitel

Berk, L. E. (2008). *Entwicklungspsychologie*. München: Pearson Studium.

Grob, A., & Jaschinski, U. (2003). *Erwachsen werden*. Weinheim: Beltz PVU.

Keller, H. (Hrsg.). (2015). *Entwicklungspsychologie*. Bern: Huber.

Kienbaum, J., Schuhrke, B., & Ebersbach, M. (2019). *Entwicklungspsychologie der Kindheit. Von der Geburt bis zum 12. Lebensjahr*. Stuttgart: Kohlhammer.

Meadows, S. (2006). *The child as thinker*. London: Routledge.

Zusammenfassung

Menschen sind in der Lage etwas zu lernen, weil sie Information speichern können. Das Gedächtnis als Speicher von Erfahrungen und erworbenem Wissen stellt eine Voraussetzung für Lernprozesse dar. In diesem Kapitel werden daher zunächst zwei Gedächtnismodelle vorgestellt und darauf aufbauend werden kognitive und behavioristische Lerntheorien behandelt.

Fallbeispiel

Michael hat „nicht viel" gelernt?!

Michael ist 11 Jahre alt und besucht die 5. Klasse einer Realschule. Als seine Mutter ihn fragt: „Wie war es denn so in der Schule?", antwortet er: „Ganz okay, glaube ich." „Was hast du denn gelernt?", fragt sie weiter. „Och, nicht viel", gibt er zurück.

Nicht viel? – Hier ist ein Ausschnitt von dem, was ein Beobachter an diesem Tag gesehen hätte: In der Mathestunde bearbeiteten Michael und die anderen in der Klasse eine Reihe von Textaufgaben, mit deren Hilfe das kleine Einmaleins mit 9 geübt werden sollte. (Ein Beispiel: Beim Schulfest verkaufen die Schülerinnen und Schüler einer Klasse in 9 Dreiergruppen Lose für die Tombola. Wenn jede Dreiergruppe 8 Lose verkauft, wie viele Lose hat die Klasse dann insgesamt verkauft?). Michael kommt auf die Idee, dass einige Zahlen aus der 9er-Reihe ganz einfach sind, weil er sie mit dem lösen kann, was er schon weiß, z. B., dass 9×2 genauso viel ist wie $9 + 9$; die Lösung für 9×5 findet er, indem er in Fünferschritten zählt; 9×4 oder 9×8 kann er sich aber nicht so gut merken. Als seine Klassenlehrerin merkt, dass Michael und ein paar andere Hilfe brauchen,

© Springer-Verlag GmbH Deutschland, ein Teil von Springer Nature 2020

M. Imhof, *Psychologie für Lehramtsstudierende*, Basiswissen Psychologie,

https://doi.org/10.1007/978-3-662-58727-0_3

bringt sie ihnen einen „Trick" bei, mit dem sich die Schülerinnen und Schüler die 9er-Reihe gut merken können: Das Ergebnis einer Multiplikation mit 9 sieht immer so aus, dass die erste Ziffer eins kleiner ist als der Faktor und dass dann die Quersumme 9 ergibt. In der Geografie-Stunde geht es um Griechenland und der Lehrer zeigt Fotos von alten Tempeln und redet von Marmor. Michael, der in der letzten Reihe sitzt, fragt sich, wie Tempel so lange Zeit halten, wenn sie aus (Marmor)Kuchen erbaut worden sind und wie man die Tempel überhaupt so stabil hingekriegt hat. In der Sportstunde haben die Kinder Basketball gespielt. Michael hat noch nie einen Basketball in der Hand gehabt. Seine Versuche, den Ball zu führen, waren erst ziemlich ungeschickt, aber er hat recht schnell kapiert, was er tun muss. Der Lehrer hat ihn gleich gelobt, als er gesehen hat, wie Michael den Ball längere Zeit unter Kontrolle halten konnte. Im Kunstunterricht sollten die Schülerinnen und Schüler eine Pappmachémaske herstellen. Seine Klassenkameradin, die neben ihm im Kunstunterricht werkelt, hat ihrer Maske eine lange Nase verpasst, indem sie ein Stück Zeitung aufgerollt hat. Michael schaut ihr lange zu und geht dann ganz ähnlich vor.

Fragen:
Was lernt Michael in der Mathe-, Geografie-, Sport- und Kunststunde? Welche Faktoren stoßen jeweils den Lernprozess an?
(vgl. Ormrod 2008, S. 191; Lösungshinweise im Anhang)

Menschen müssen fast alles lernen. Das Gelernte wird im Gedächtnis dauerhaft gespeichert. Deshalb gehören **Gedächtnis und Lernen** zusammen. Lernen ist nicht direkt beobachtbar. Es muss aus den Veränderungen des beobachtbaren Verhaltens erschlossen werden. Es gibt verschiedene Theorien darüber, wie das Gedächtnis organisiert ist und wie es funktioniert. Ebenso gibt es ganz unterschiedliche Theorien zur Frage, wie gelernt wird und welche Prinzipien und Gesetzmäßigkeiten das Lernen am besten beschreiben, erklären und unterstützen können.

3.1   Gedächtnis

Die mentale Fähigkeit, Information aufzunehmen, zu speichern und wieder abzurufen, wird als Gedächtnis bezeichnet (vgl. Gerrig und Zimbardo 2018, S. 254). Dabei ist es unerheblich, ob das Abspeichern und Wiedergewinnen von Information durch aktive Anstrengung geschieht (intentionales Lernen) oder ob die Inhalte ohne eine absichtliche Anstrengung eher beiläufig aufgenommen oder wiedergegeben werden (inzidentelles Lernen).

3.1.1 Methoden der Gedächtnispsychologie

Die Gedächtnispsychologie als Teil der Allgemeinen Psychologie beschäftigt sich mit der Frage, wie Information aufgenommen, verarbeitet, repräsentiert (gespeichert) und wieder abgerufen (genutzt) wird. Die Gedächtnisforschung geht auf die Arbeiten von Ebbinghaus zurück, der die Funktionen des menschlichen Gedächtnisses untersucht hat, indem er mit dem Einprägen von Listen sogenannter „sinnloser" – oder besser: sinnarmer – Silben experimentiert hat (z. B. zep-hul-fas). In Untersuchungen der Gedächtnisforschung werden heute andere Inhalte und mehrere Arten der Behaltensprüfung eingesetzt (vgl. Gerrig und Zimbardo 2018):

- Freies Erinnern bzw. Freies Reproduzieren: Die Versuchspersonen prägen sich bestimmte Inhalte, z. B. eine Anzahl von Begriffen, ein und werden später aufgefordert, diese zu reproduzieren, ohne dass die Reihenfolge, in der die Begriffe gelernt worden sind, beachtet werden muss
- Serielles Erinnern: Die Versuchspersonen prägen sich bestimmte Inhalte ein, die genau in der Reihenfolge, in der die Begriffe gelernt worden sind, wiedergegeben werden müssen
- Wiedererkennen: Die Versuchspersonen prägen sich bestimmte Inhalte ein, die aus einer Menge von ähnlichen Begriffen erkannt werden müssen

3.1.2 Gedächtnissysteme und Gedächtnismodelle

Die Wissenschaftler auf dem Gebiet der Gedächtnispsychologie entwickeln auf der Basis von experimenteller Forschung Modelle, um das Konstrukt des Gedächtnisses zu beschreiben. Dabei werden zwei Forschungswege verfolgt: Einmal werden Gedächtnissysteme nach Inhalten beschrieben und zum anderen werden Prozessmodelle des Gedächtnisses (Gedächtnis als Informationsverarbeitung) betrachtet. Beide Zugangsweisen werden im Folgenden exemplarisch vorgestellt.

Gedächtnisinhalte. Bei der Unterteilung des Gedächtnisses nach Inhalten werden mehrere Teilgedächtnisse (Gedächtnissysteme) unterschieden (vgl. Gold 2009; Markowitsch 1999):

- Das explizite Gedächtnis: Im expliziten Gedächtnis werden alle Inhalte abgespeichert, über die eine Person auf Nachfrage Antwort geben kann. Die jeweilige Information ist dem Individuum bewusst zugänglich, entweder weil es sich um ein Erlebnis aus der eigenen Biografie handelt (mein erster Schultag) und man Zeit und Ort des Ereignisses rekonstruieren kann (*episodisches Gedächtnis*), oder weil es sich um Wissen handelt, das man jederzeit verbal abrufen kann (*semantisches Wissen*), von dem man aber wahrscheinlich nicht mehr sagen kann, wann und wie man es erworben hat (z. B. Helsinki liegt in Finnland)
- Das implizite Gedächtnis: Auch über die Information im impliziten Gedächtnis können wir jederzeit verfügen, allerdings ist diese nicht oder nur schwer zu verbalisieren. Dazu gehört das *prozedurale Gedächtnis*, in dem motorische Abläufe gespeichert werden (z. B. Fahrrad fahren). Diese Inhalte sind insofern implizit, als Menschen diese kaum verbalisieren können und auch nicht müssen (z. B. Sportler, die eine Skilauf-Technik beherrschen, müssen nicht zugleich in der Lage sein, die biomechanischen Abläufe dabei zu beschreiben). Das *perzeptuelle Gedächtnis* ist ebenfalls implizit und basiert auf den Wahrnehmungen einer Person. Wenn ein Mensch einmal in eine Zitrone gebissen hat oder einmal Schokolade geschmeckt hat, wird er diese Wahrnehmung immer wieder in Erinnerung rufen können. (Läuft Ihnen gerade das Wasser im Mund zusammen?) Das perzeptuelle Gedächtnis wird in Form von Bahnungs- oder Priming-Effekten erkennbar. So werden Gedächtnisinhalte leichter aktiviert, wenn bei der Wiedergabe ähnliche Bedingungen gegeben sind wie während der Einpräge-Phase. Manchmal reicht dann die Wahrnehmung eines kleinen Ausschnittes (z. B. eines Motorengeräuschs), um den vollständigen Gegenstand zu erinnern (da ist eben ein Ferrari vorbei gefahren!)

Gedächtnis als Informationsverarbeitung. Mehrspeichermodelle stellen die Gedächtnisprozesse als eine zeitliche Sequenz der Informationsaufnahme, -verarbeitung und -speicherung dar (vgl. Abb. 3.1). Atkinson und Shiffrin (1968) unterscheiden in ihrem Modell drei verschiedene Gedächtnisspeicher, die als Sensorisches Register, Arbeitsgedächtnis und Langzeitgedächtnis bezeichnet werden. Dieses Modell dient als Grundlage, um die Gedächtnisfunktionen zu beschreiben. Über diese drei Gedächtniseinheiten wird der Prozess des Lernens als Selektion, Organisation und Integration von Information vollzogen (vgl. Helmke 2017; Kunter und Trautwein 2017, Kap. 2; Ormrod 2011, Kap. 6). Sie unterscheiden sich systematisch voneinander hinsichtlich der Aufnahmekapazität, der Merkmale der Repräsentation und der Speicherdauer (vgl. Abb. 3.2).

Das *sensorische Register* enthält nahezu alle in einem Moment verfügbaren Reize, die über die Wahrnehmungsorgane aufgenommen werden können. Diese Reize werden

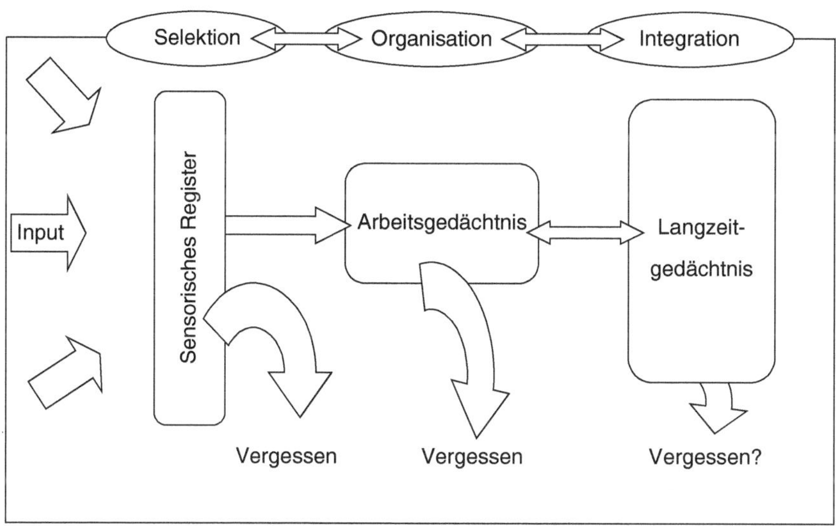

Abb. 3.1 Informationsverarbeitung im Mehrspeichermodell (vgl. Ormrod 2011, S. 185)

	Kapazität	Speicherdauer
Sensorisches Register	groß	sehr kurz
		< 5 s
Arbeitsgedächtnis	klein	kurz
		< 30 Sekunden
Langzeitgedächtnis	unendlich (?)	lang

Abb. 3.2 Vergleich der Gedächtniseinheiten

unmittelbar wahrgenommen und sind mehr oder weniger als unkodierte „Rohinformation" verfügbar. Wenn man während eines Vortrages beispielsweise nicht aufmerksam war, aber jemand plötzlich fragt: „Was habe ich gerade gesagt?", ist man oft in der Lage das „Echo" der letzten Worte zu wiederholen. In der visuellen Modalität „sieht" man noch einen „Lichtschweif", wenn jemand z. B. mit einem brennenden Streichholz oder einer Taschenlampe im Dunkeln durch die Luft fährt. Auch das sind kurzzeitige Nachbilder des originalen Reizes. Die Information im sensorischen Register verfällt jedoch sehr schnell, wobei die akustische Information möglicherweise etwas länger erhalten bleibt. Um die Information nutzbar zu machen und nachhaltig zu speichern, muss sie gezielt ausgewählt werden, indem relevante Information besondere Aufmerksamkeit erfährt und irrelevante Information verworfen (vergessen) wird. Mit diesem Schritt der

Selektion von Information wird entschieden, welche Inhalte in das Arbeitsgedächtnis überführt und weiterverarbeitet werden.

Das *Arbeitsgedächtnis* ist die Einheit, in der die einkommende Information organisiert wird, z. B. indem die neuen Inhalte mit dem Vorwissen (aus dem Langzeitgedächtnis) verbunden werden. Im Arbeitsgedächtnis werden Beziehungen zwischen den einzelnen Elementen hergestellt und es wird den Reizen semantische Bedeutung zugeordnet. Im Arbeitsgedächtnis können bestimmte Inhalte auch durch Wiederholung (*Rehearsal*) aktiv gehalten werden, so dass sie zu einem späteren Zeitpunkt wieder genutzt werden können. Der Nachteil des Arbeitsgedächtnisses ist (vordergründig), dass dessen Kapazität generell eher gering ist. Man führt hier „the magic number 7" an und meint damit, dass im Arbeitsgedächtnis um die 7 ± 2 Elemente aktiv gehalten werden können. Es ist aber so, dass durch Zusammenfassen von Elementen (sog. *Chunking*) zu größeren Einheiten auch der Umfang des Arbeitsgedächtnisses erweitert werden kann (siehe Beispiel in Abb. 3.3). Das Verarbeiten von Information, die Bildung von *Chunks*, das Wiederholen und Verknüpfen von neuem Wissen mit dem Vorwissen ist ein Prozess, der Zeit und Energie beansprucht. Daher ist es notwendig, dass neue Information so präsentiert wird, dass eine aktive Verarbeitung möglich ist. Alle Information, die in dieser Phase nicht aktiv verarbeitet wird, wird unwiederbringlich vergessen.

Der Umfang des Arbeitsgedächtnisses unterliegt zudem entwicklungspsychologischen Grenzen. Junge Kinder haben eine geringere Kapazität im Arbeitsgedächtnis als ältere. Das heißt, dass die Menge an Einzelinformationen, die ein Lernender verarbeiten kann, sich mit der Zeit und mit den strategischen Fähigkeiten ändert.

Das Langzeitgedächtnis ist schließlich die größte Speichereinheit, in der die Information abgelegt und im Prinzip ein Leben lang erhalten bleibt. Die Schwierigkeit beim Langzeitgedächtnis besteht eher darin, die abgespeicherte Information auch wie-

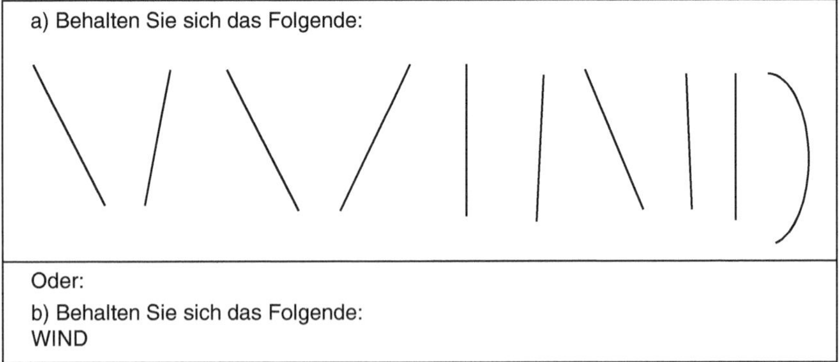

Abb. 3.3 Beispiel für den behaltensförderlichen Effekt von *Chunking*

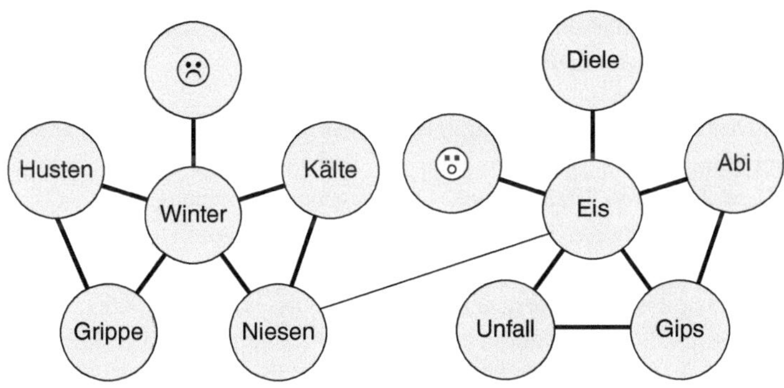

Abb. 3.4 Modell zweier mit einander verbundener Begriffsnetze

der zu finden. Um den Zugang zu Information aus dem Langzeitgedächtnis zu sichern oder zumindest zu erleichtern, ist es sinnvoll, die Inhalte mehrfach abzulegen und die Inhalte miteinander assoziativ zu vernetzen. Durch die Aktivierung eines „Knotens" im Wissensnetz können die anderen Inhalte, die mit „dran hängen" mit aktiviert werden (siehe Abb. 3.4). Das Wissens- oder Begriffsnetz umfasst auch sehr persönliche Assoziationsketten und Erinnerungen an Gefühle. Es kann, wie in Abb. 3.4 angedeutet, inhaltlich systematisch organisiert sein (linke Seite) oder aber aus ganz losen und sehr persönlichen Assoziationen bestehen (rechte Seite: Erinnerung an den Besuch in der Eisdiele, in der ich ausgerutscht bin, einen Gips bekommen musste, und das alles einen Tag vor dem Sportabitur! Was für ein Schock!). Schließlich sind die Begriffsnetze möglicherweise auch noch miteinander verbunden.

Je nachdem, wie gut Inhalte im Langzeitgedächtnis organisiert sind, bzw. wie vielfältig und flexibel sie zugänglich sind, wird einerseits die Einspeicherung neuer Information besser gelingen (wer über ein gut strukturiertes Wissensnetz verfügt, lernt leichter mehr dazu) und andererseits das Abrufen der Information erleichtert. Um die Funktionen des Langzeitgedächtnisses optimal zu nutzen, ist es sinnvoll, während des Aneignungsprozesses – also während des Lernens – bereits darauf zu achten, dass die Information möglichst so verarbeitet wird, dass man sie später wiederfindet und verwerten kann. Daher wird im Folgenden der Prozess des Lernens näher betrachtet.

Vertiefungsempfehlung
Gerrig R. J. und Zimbardo, P. G. (2018). *Psychologie* (S. 253–291). München: Pearson.
Mayer, R. E. (2011). *Applying the science of learning*. Boston: Pearson.

3.2   Definitionen von Lernen, Lernphänomene und Lerntheorien

Lernen wird definiert als erfahrungsbasierter Prozess, der in einer relativ überdauernden Veränderung des Verhaltens oder der Verhaltensmöglichkeiten resultiert (vgl. Gerrig und Zimbardo 2018, S. 192). Der Vorgang des Lernens selbst ist nicht direkt beobachtbar. Je nachdem, welcher methodische Zugang zur Erforschung des Lernens bevorzugt wird, werden behavioristische, also am Verhalten orientierte, und kognitive Lerntheorien, die sich mit mentalen Prozessen befassen, unterschieden. Daher stehen auch unterschiedliche Definitionen von Lernen nebeneinander (vgl. Mayer 2011).

Aus einer kognitionspsychologischen Perspektive wird Lernen als Wissenserwerb und Informationsverarbeitung definiert: „Lernen im Sinne von Wissenserwerb kann als der Aufbau und die fortlaufende Modifikation von Wissensrepräsentationen definiert werden. [Es] ist ein bereichsspezifischer, komplexer und mehrstufiger Prozess, der die Teilprozesse des Verstehens, Speicherns und Abrufens einschließt" (Steiner 2001, S. 140).

Aus konstruktivistischer Perspektive wird Lernen beschrieben als die Summe der Prozesse, die ein Lernender allein oder mit anderen Wissensstrukturen aufbaut, aktiviert, elaboriert und organisiert (vgl. Bransford et al. 2000).

Aus einer verhaltenstheoretischen (behavioristischen) Sicht bezieht sich Lernen „auf die Veränderung im Verhalten oder im Verhaltenspotential eines Organismus hinsichtlich einer bestimmten Situation, die auf wiederholte Erfahrungen des Organismus in dieser Situation zurückgeht, vorausgesetzt, dass diese Verhaltensänderung nicht auf angeborene Reaktionstendenzen oder vorübergehende Zustände (wie etwa Müdigkeit, Trunkenheit, Triebzustände, usw.) zurückgeführt werden kann" (Bower und Hilgard 1981, S. 31).

In der Lernpsychologie des 20. Jahrhunderts sind unterschiedliche Lerntheorien entwickelt worden. Sie lassen sich zu drei Gruppen von Theorien zusammenfassen:

Kognitionspsychologische Theorien. Aus der Sicht der Kognitionspsychologie wird die Bedeutsamkeit kognitiver Strukturen und mentaler Prozesse betont. Sie befasst sich mit der Frage, wie sich der eigentliche Lernprozess im Individuum modellieren lässt. Lernen wird als Prozess der *Informationsverarbeitung* aufgefasst, in dessen Verlauf Wissensstrukturen aufgebaut und verändert werden (siehe Abschn. 3.2.1).

Behavioristische Lerntheorien. Verhaltenspsychologische oder behavioristische Theorien betonen die Außensteuerung des Lernens. Als wesentliches Lernprinzip gilt die Verknüpfung (*Assoziation*) zwischen Reizen und/oder zwischen Reizen und Reaktionen bzw. Verhaltenskonsequenzen. Die Theorien der operanten und der klassischen Konditionierung sind verhaltenspsychologisch orientiert (siehe Abschn. 3.2.2).

Konstruktivistische Theorien. Kennzeichnend für konstruktivistische Theorien des Lernens ist, dass die Eigentätigkeit des Lernenden und der soziale Charakter von Lernen betont werden. Lernen wird themen- oder domänspezifisch analysiert, weil je nach Inhalt unterschiedliche Vorgehensweisen beim Wissenserwerb erforderlich sind bzw. spezifische Formen des Lernens zielführend sind (vgl. Nückles und Wittwer 2014). Die Lernaktivitäten sind zielorientiert, selbstreguliert und adaptiv (vgl. Seidel und Shavelson 2007).

3.2.1 Lernen als Informationsverarbeitung

In kognitionspsychologischen Theorien wird Lernen als Prozess der Informationsverarbeitung aufgefasst, in dessen Verlauf Wissensstrukturen aufgebaut und verändert werden. Kognitionen oder kognitive Prozesse sind Vorgänge, durch die ein Organismus Kenntnis von seiner Umgebung erlangt. Sie sind als solche nicht direkt beobachtbar, aber man kann sie aus dem beobachtbaren Verhalten erschließen bzw. zu begründbaren Annahmen über sie gelangen. Hier wird auf das zuvor dargestellte Mehr-Speicher-Modell des Gedächtnisses zurückgegriffen und durch kognitive Prozesse erweitert (vgl. Abb. 3.1). Lernen wird hier mit der Selektion, Organisation und Integration von Information gleichgesetzt (vgl. Helmke 2017; Imhof 2010; Kunter und Trautwein 2017).

Das kognitive Lernen wird gefördert, indem der Informationsfluss durch Maßnahmen des Lerners begleitet und beeinflusst wird. Die kognitiven *Prozesse* der Selektion, der Organisation und der Integration (Speicherung) von Information sind für die Informationsverarbeitung innerhalb des Mehrspeichersystems verantwortlich. Diesen Prozessen lassen sich drei sukzessive Phasen der Informationsverarbeitung zuordnen. In der *Selektionsphase* wird relevante Information aus dem Sensorischen Register gezielt für die Weiterverarbeitung im Arbeitsgedächtnis ausgewählt. Dazu sind Prozesse der Aufmerksamkeit und Konzentration erforderlich, die dafür sorgen, dass die Fülle einkommender Reize ständig überwacht und auf wichtige Information durchsucht wird, dass relevante Information ausgewählt und irrelevante Information ausgeblendet wird. In der *Organisationsphase* werden einzelne Elemente im Arbeitsgedächtnis untereinander verknüpft und verdichtet (organisiert) und mit Inhalten aus dem Langzeitgedächtnis angereichert. In der *Integ-*

rationsphase wird die neue Information (Begriffe, Konzepte, Prinzipien) in die bereits vorhandenen Wissensbestände eingeordnet (elaboriert) und dauerhaft in den Langzeitspeicher übertragen.

Der Prozess der Informationsverarbeitung kann durch gezielte Maßnahmen des Lernenden optimiert werden. Diese sogenannten Lern- und Gedächtnisstrategien fördern die Aufnahme, das Behalten und das Abrufen von Information. In der psychologischen Forschung sind verschiedene Kategorien von Lern- und Gedächtnisstrategien untersucht worden, die in Abb. 3.5 zusammengestellt sind.

Diese Lern- und Gedächtnisstrategien müssen aber selbst zunächst gelernt werden. Schülerinnen und Schüler erwerben diese Strategien nicht automatisch oder nebenbei. Zum Beispiel können Lehrerinnen und Lehrer elaborative Prozesse anstoßen, indem sie sich an den folgenden didaktischen Hinweisen orientieren (vgl. Fetsco und McClure 2005). Die Formel *A4* (vgl. Abb. 3.6) enthält nach den verschiedenen Themenbereichen strukturierte Beispiele zur Förderung der Anwendung von Elaborationstechniken bei Schülerinnen und Schülern im Unterricht.

Bei der Gestaltung von Lernumgebungen geht es im Kern darum, Gelegenheiten und Aufgabenkontexte zu konstruieren, in denen die Schülerinnen und Schüler zu anspruchsvollen Lernaktivitäten angeregt werden (vgl. Seidel und Reiss 2014). Um als Lehrerin oder Lehrer Lernstrategien erfolgreich zu vermitteln, ist es erforderlich, ausführlichere Hinweise dazu durchzuarbeiten (vgl. z. B. Boekarts et al. 2006; Götz 2006; Götz und Nett 2011; Mandl und Friedrich 2006) und auch die Besonderheiten der jeweiligen Altersgruppe, des Entwicklungsstandes, der individuellen Lernvoraussetzungen und der fachspezifischen Erfordernisse zu berücksichtigen. Hattie (2012) hat in seiner Meta-Metanalyse die Wirksamkeit einzelner Lernstrategien anhand von Effektgrößen aus den empirischen Studien bewertet und stellt fest, dass die Organisation und Transformation von Lerninhalten, die Antizipation der Folgen von Lernen, die Formulierung von Lerninhalten und Vorgehensweisen beim Problemlösen, sowie die eigenständige Überprüfung der eigenen Arbeiten anhand eines Standards den Lernfortschritt besonders nachhaltig fördern.

In der nachfolgenden Abb. 3.7 sind Hinweise zusammengefasst, die sich auf die Frage beziehen, welche Lernstrategien in welchen Entwicklungsphasen am günstigsten zu vermitteln sind (vgl. Ormrod 2011). Die angegebenen Alters- bzw. Klassenstufen dienen einer groben Orientierung und ersetzen nicht, dass Lehrerinnen und Lehrer über den Stand der Entwicklung und des Vorwissens bei ihren Schülerinnen und Schülern diagnostische Informationen erheben.

Prozess	Definition	Beispiel	Effektivität
Wiederholen	Information verbal wiederholen (laut oder mental) oder abschreiben	Definitionen von Lernstrategien auswendig lernen	Relativ wenig effektiv, kurze Einspeicherung, Abruf ist schwierig
Organisieren	Verbindungen zwischen neuen Informationen ziehen, Wichtiges herausarbeiten, Strukturieren	Verschiedene Gedächtnis- modelle in Relation zueinander betrachten	Effektiv, wenn die Organisations- strategie gut ist und über das bloße Auflisten von Fakten hinaus geht
Elaborieren	Integration neuer Inhalte in das vorhandene Wissen	Zuordnungs- möglichkeiten. eines Gedächtnis- inhaltes zu den bereits gelernten Gedächtnis- systemen reflektieren	Effektiv, wenn die gezogenen Schlüsse richtig sind
Veran- schaulichen	Sich ein mentales Bild machen	Charakteristika und Relationen der verschiedenen Gedächtnis- systeme in einem Mind-Map veranschaulichen	Effektivität ist individuell verschieden, gut zur Unterstützung von Elaboration und Organisation

Abb. 3.5 Wichtige Lern- und Gedächtnisstrategien (in Anlehnung an Ormrod 2011)

Anordnen

Fordern Sie Schülerinnen und Schüler auf (und geben Sie ihnen Zeit dazu),
Texte in Form von Tabellen, Pfeilbildern, Mind-Maps oder eines Zeitstrahls
zusammen zu fassen.
Fordern Sie Schülerinnen und Schüler auf, die Inhalte und Information aus
Texten in eigenen Worten zusammen zu fassen und zu gliedern.

Anwenden

Stellen Sie Aufgaben, für die Schülerinnen und Schüler neu erworbenes Wissen
nutzen müssen, um neue Aufgabentypen und neuartige Probleme zu lösen.
Schülerinnen und Schüler lernen durch eigenes Lehren, also durch die
Weitergabe des erworbenen Wissens an andere (reziprokes Lehren, Lernen
durch Lehren).

Aktivieren von Vorwissen

Schülerinnen und Schüler vergleichen und kontrastieren neu eingeführte Kon-
zepte mit bereits bekanntem Stoff.
Schülerinnen und Schüler erstellen „Lernlandkarten" (Mind-Maps), die die
Beziehungen zwischen neuem und bekanntem Unterrichtsstoff verdeutlichen.

Ausweiten

Regen Sie Schülerinnen und Schüler dazu an, selbst neue Beispiele für den
gelernten Stoff zu entwickeln und diese zu testen.
Fordern Sie Schülerinnen und Schüler dazu auf, fiktive Fragen an die Autoren
der im Unterricht behandelten Texte zu entwerfen.

Abb. 3.6 Formel A4 – Hinweise zur Förderung von elaborativen Lern- und Gedächtnisstrategien

Theorie und Praxis
Vermittlung von Lernstrategien

1. Kennen Sie konkrete Lern- und Arbeitsstrategien, die für das Lernen in dem
   von Ihnen gewählten Fach hilfreich sind? Können Sie drei beschreiben, von
   denen Sie denken, dass sie für Ihre Schülerinnen und Schüler nützlich sind?
2. Wiederholen, Organisieren, Elaborieren, Veranschaulichen sind vier Kategorien von Lernstrategien, die systematisch untersucht worden sind und
   von denen man eine gewisse Einschätzung hat, wann sie effektiv sind.
   Mit welchen konkreten Aufgabenstellungen könnten Sie in einem Ihrer
   Fächer bei einem bestimmten Inhalt diese Strategien bei Schülerinnen
   und Schülern einer bestimmten Altersstufe anregen?

(Lösungshinweise finden Sie im Anhang).

Klassenstufe	Alterstypische Merkmale	Hinweise zum Vorgehen bei der Vermittlung von Lernstrategien
bis ca. 2. Klasse	• Ansatzweise Fähigkeit, das eigene Denken zu reflektieren • Versteht noch nicht, dass man auch vergessen kann • Hält Lernen für etwas Passives • Glaubt, dass es ein einzig wahres und richtiges Wissen gibt • Versteht nur im Ansatz, dass andere Menschen etwas anderes wissen als sie selbst • Versteht nur im Ansatz, dass andere Menschen etwas nicht verstehen, was sie selbst verstehen	• Regen Sie das Nachdenken über Denken an: „Ich frage mich, wie …", oder: „Erinnerst Du Dich daran, ob … ?" • Unterstützen Sie die Gedächtnisentwicklung durch entsprechende Auf gaben (z.B. Kofferpacken) • Führen Sie einfache Lern strategien ein und üben Sie diese immer wieder ein
3.-5. Klasse	• Zunehmende Fähigkeit, das eigene Denken zu reflektieren • Überschätzt das eigene Gedächtnis noch, versteht aber schon, dass man auch vergessen kann • Hält Lernen für eine aktive Tätigkeit • Versteht, wieso andere etwas nicht oder falsch verstehen können • Glaubt immer noch, dass es ein einzig wahres und richtiges Wissen gibt	• Zeigen Sie den Schülerinnen und Schülern einfache Techniken, das Gelernte selbständig zu überprüfen • Arbeiten Sie mit „handgreiflichem" Material, mit Experimenten, Artefakten, konkreten und anschaulichen Dingen • Fordern Sie Schülerinnen und Schüler auf, einfache Hypothesen, Vorhersagen oder Erklärungen zu formu-lieren, zu vergleichen und zu überprüfen

Abb. 3.7 Lernstrategien in der Entwicklung

6.-8. Klasse	• Fähigkeit, das eigene Denken und Lernen zu reflektieren und zu steuern • Setzt einfache Lernstrat egien ein, um Vergessen vorzubeugen, z.B. Wiederholung, Strukturieren und Kategorisieren • Kennt einfache Lernstrate- gien • Glaubt, dass Wissen eine Ansammlung von Fakten ist • Versteht zunehmend, dass andere Menschen etwas anderes wissen als sie selbst und da ss andere Menschen andere Meinungen haben	• Machen Sie Lern - und Arbeitsstrategien vor, indem Sie diese selbst nutzen und sie im Kon- text Ihres Faches oder des speziellen Themas erläutern • Helfen Sie den Schülerinnen und Schülern die erforderlichen komplexe- ren Strategien Schritt für Schritt aufzubauen (nicht einfach: Schreibt mit!) • Geben Sie Raum für Grup penarbeit und Dis- kussion, um unterschied- liche Sichtweisen erkenn- bar werden zu lassen • Thematisieren Sie unterschiedliche Sichtweisen einer Sache
Ab 9. Klasse	• Fähigkeit, das eigene Denken vollständiger zu reflektieren und langfristiger zu planen • Setzt unterschiedliche Lernstrategien für unterschiedliche Inhalte und Aufgaben ein • Versteht, dass Wissen auch bedeutet, Beziehungen zwischen verschiedenen Fakten, Themen oder Fächern herzustellen • Versteht, dass Lernen und der Erwerb von Fertigkeiten mit Zeit und aktiver Übung zusammen hängen	• Setzen Sie die Modellierung von immer anspruchsvolleren Lern- und Arbeitsstrategien fort • Fordern Sie ein, dass die Schülerinnen und Schüler diese Strategien nutzen • Achten Sie bei der Überprüfung von Lernerfolg darauf, dass Sie nicht nur Wissensbro cken abfragen, sondern legen Sie Wert auf Verstehen,

Abb. 3.7 (Fortsetzung)

| Ab 9. Klasse | • Fähigkeit, das eigene Denken vollständiger zu reflektieren und langfristiger zu planen
• Setzt unterschiedliche Lernstrategien für unterschiedliche Inhalte und Aufgaben ein
• Versteht, dass Wissen auch bedeutet, Beziehungen zwischen verschiedenen Fakten, Themen oder Fächern herzustellen
• Versteht, dass Lernen und der Erwerb von Fertigkeiten mit Zeit und aktiver Übung zusammen hängen
• Versteht, dass man widersprüchliche Aussagen und Konzepte auf der Basis von logischen Argumenten gegeneinander abwä gen kann
• Schwache Schülerinnen und Schüler verharren in Wiederholungsstrategien, die sie für alle Aufgaben und Inhalte einset zen | • Setzen Sie die Modellierung von immer anspruchsvolleren Lern- und Arbeitsstrategien fort
• Fordern Sie ein, dass die Schülerinnen und Schüler diese Strategien nutzen
• Achten Sie bei der Überprüfung von Lernerfolg darauf, dass Sie nicht nur Wissensbro cken abfragen, sondern legen Sie Wert auf Verstehen, Anwendung, Herstellen von Bezügen
• Stellen Sie die Themen so dar, dass erkennbar wird, dass Theor ien, Konzepte und Vorstellungen dynamisch sind, sich verändern und keinesfalls „allgemeingültig" sind
• Helfen Sie den Schülerinnen und Schülern ob-jetive Kriterien zu nut- zen, um Für und Wider für eine Ansicht, eine Theorie oder eine Vor gehensweise abzu wä gen |

Abb. 3.7 (Fortsetzung)

3.2.2 Behavioristische Theorien

Lerntheorien, die Lernen als Verhaltensänderung interpretieren, werden als behavioristische oder verhaltenspsychologische Lerntheorien zusammengefasst. Hier werden die Klassische Konditionierung und das Operante Konditionieren kurz vorgestellt.

Klassische Konditionierung. Ausgangspunkt sind die zu Beginn des 20. Jahrhunderts von Pawlow (1849–1936) durchgeführten Untersuchungen zur Konditionierung des Speichelflusses bei Hunden. Pawlow hat das Prinzip der Klassischen Konditionierung am Beispiel eines Hundes illustriert, der zunächst reflexartig auf die Präsentation von Futter (unbedingter, unkonditionierter Stimulus) mit Speichelfluss reagierte (unbedingter oder unkonditionierter Reflex). Nach wiederholter Koppelung des unkonditionierten Stimulus mit dem Klang einer Glocke (ursprünglich neutraler Stimulus) wurde dieser Glockenton zum bedingten (konditionierten) Stimulus, der nunmehr auch in Abwesenheit des Futters die Fähigkeit besaß, die ursprünglich unbedingte Reaktion auszulösen. Um deutlich zu machen, dass am Ende des Konditionierungsvorgangs zwar das gleiche Zielverhalten vorhanden ist (Speichelfluss), dieses aber auf eine neue Auslösebedingung eingestellt wurde, wird das Verhalten nun als konditionierte (durch den Glockenton bedingte) Reaktion bezeichnet (vgl. Abb. 3.8). Lernen durch Klassische Konditionierung lässt sich bei Menschen ebenso wie bei Säugetieren, bei niederen Wirbeltieren und sogar bei wirbellosen Tieren nachweisen.

Watson und Rayner (1920) haben die von Pawlow beschriebenen Gesetzmäßigkeiten genutzt, um den Nachweis der Konditionierbarkeit emotionaler Reaktionen (Furcht) bei einem Kleinkind (dem „kleinen Albert") zu erbringen (vgl. Abb. 3.9). Das Kaninchen ist dabei der vormals neutrale Reiz. Dieser wird gekoppelt mit einem lauten Geräusch, auf den das Kleinkind mit Schreck reagiert. Nach wenigen Durchgängen löst bereits der Anblick des Kaninchens die emotionale Reaktion (Furcht) und das Fluchtverhalten aus. Die gelernte Reaktion erstreckt sich auch auf andere Lebewesen und Gegenstände, die ähnliche Eigenschaften besitzen wie das Kaninchen (z. B. der – angeklebte – Bart des Versuchsleiters). Das Phänomen der Übertragung von gelernten Reaktionen auf andere Gegenstände und Kontexte nennt man (Reiz-)Generalisierung.

Vertiefungsempfehlung
Gerrig R. J. und Zimbardo, P. G. (2018). *Psychologie*. München: Pearson. (darin Kap. 6, Lernen)

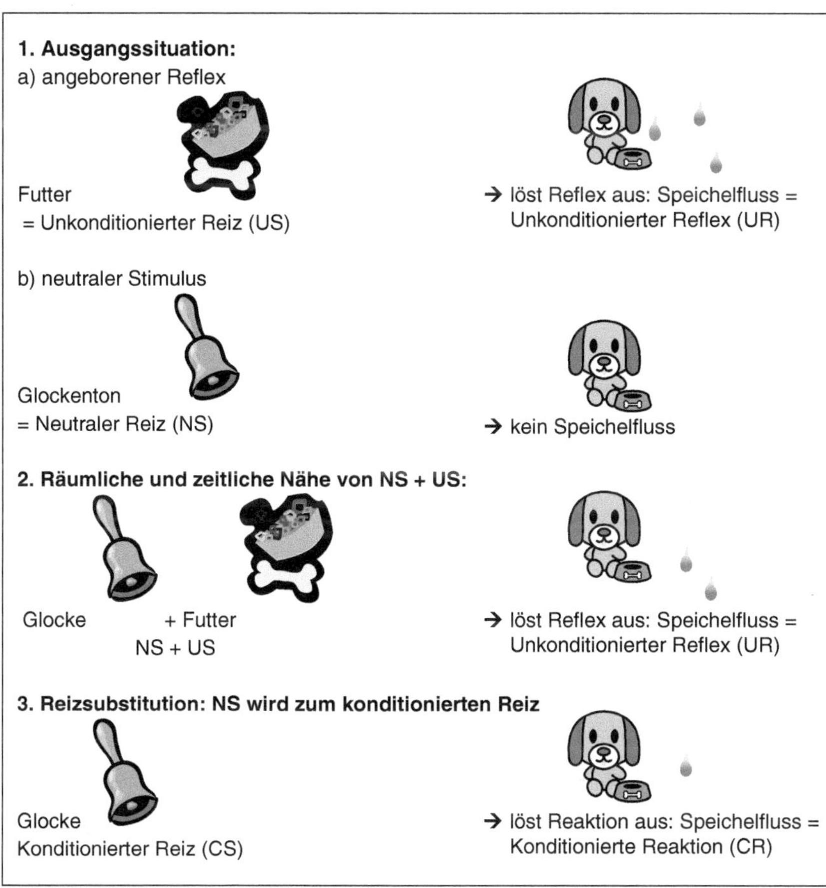

Abb. 3.8 Das Grundprinzip des Klassischen Konditionierens

Operante Konditionierung. Die Theorie der Operanten Konditionierung geht auf Skinner (1904–1990) und seine Untersuchungen zur experimentellen Verhaltensanalyse bei Tauben zurück. Beim operanten Konditionieren werden spontan auftretende Verhaltensweisen durch den gezielten Einsatz von Verstärkern bekräftigt oder durch Bestrafung unterdrückt. Ein einfaches Beispiel für operantes Konditionieren ist folgende Alltagsbeobachtung: Ein Junge wäscht das Auto seiner Eltern. Er bekommt dafür 5€. Bei nächster Gelegenheit wäscht er das Auto wieder und hält erwartungsvoll die Hand auf. Um das operante Konditionieren besser zu verstehen, sind einige Grundbegriffe zu erläutern.

Abb. 3.9 Konditionierung des „kleinen Albert" nach Watson und Rayner 1920 (Grafik adaptiert nach Thompson 1962, S. 241)

Das Grundprinzip des Operanten Konditionierens besteht darin, dass zunächst operantes Verhalten R, also spontanes Verhalten auftritt und dass auf dieses Verhalten eine wahrnehmbare, verstärkende Konsequenz K_r (r für *re-inforcing*) in zeitlicher und räumlicher Nähe registriert wird. Durch die unmittelbare (kontingente) positive Konsequenz wird die Auftretenswahrscheinlichkeit des vorausgehenden, operanten Verhaltens erhöht oder, technisch gesprochen, verstärkt (K_r). Diese Wirkung haben Verstärker aber nur dann, wenn sie kontingent sind, d. h., wenn sie direkt und regelhaft auf das Auftreten des Verhaltens folgen.

Aus der Sicht der Theorie des Operanten Konditionierens kann auf ein Verhalten entweder eine Verstärkung, eine Bestrafung oder keine Reaktion (Ignorieren) erfolgen. In der Theorie des Operanten Konditionierens werden fünf verschiedene Formen von Verhaltenskonsequenzen hinsichtlich ihrer Wirkung unterschieden (vgl. Abb. 3.10):

- **Positive Verstärkung.** Von positiver Verstärkung spricht man, wenn als Konsequenz auf ein Verhalten ein angenehmer Reiz hinzugefügt wird, so dass für die Schülerin oder den Schüler eine angenehme Situation entsteht, z. B. durch Lob oder eine gute Note
- **Negative Verstärkung.** Von negativer Verstärkung ist die Rede, wenn als Konsequenz auf ein Verhalten ein unangenehmer Reiz entfernt wird, so dass für die Schülerin oder den Schüler eine angenehme Situation entsteht

	Angenehmer Reiz	**Unangenehmer Reiz**
Hinzufügen	*Positive Verstärkung:* eine Schülerin erhält auf angemessenes Verhalten ein Gummibärchen oder eine gute Note	*Bestrafung 1. Art:* ein Jugendlicher erhält Ausgehverbot nach einem Fehlverhalten
Entziehen	*Bestrafung 2. Art:* einem Schüler wird nach unerwünschtem Verhalten das Privileg entzogen, das Klassenaquarium zu betreuen	*Negative Verstärkung:* der Jugendlichen wird nach angemessenem Verhalten das Ausgehverbot erlassen
Ignorieren	*Weder positive noch negative Reaktion:* z.B. ein Kind benutzt am Esstisch einen Kraftausdruck. Seine Eltern reagieren absichtlich nicht darauf, sie lachen nicht, sie schimpfen nicht.	

Abb. 3.10 Formen von Verstärkung und Bestrafung in der Theorie des Operanten Konditionierens

- **Bestrafung 1. Art.** Als Bestrafung erster Art bezeichnet man den Vorgang, wenn auf ein Verhalten ein unangenehmer Reiz hinzugefügt wird, so dass eine unangenehme Situation entsteht, z. B. durch Tadel
- **Bestrafung 2. Art.** Bei der Bestrafung zweiter Art wird als Konsequenz auf ein Verhalten ein angenehmer Reiz entfernt, so dass eine negative Situation entsteht

Beide Formen der Verstärkung führen zu einem Verhaltensaufbau, während beide Formen der Bestrafung zu einem Abbau des fraglichen Verhaltens führen. Dieser Gedanke ist wichtig, wenn man erwünschtes Verhalten in der Praxis aufbauen möchte. Edelmann (2000, S. 78) berichtet folgendes Beispiel: Ein 13-jähriger Schüler der 6. Klasse fehlte im Schnitt jeden dritten Tag unentschuldigt im Unterricht. Zu erwarten gewesen wäre, dass die Lehrerinnen und Lehrer so reagieren, dass er an Tagen, an denen er in die Schule kam, geschimpft würde und direkt nachsitzen müsste – wenn er schon mal da war – um versäumten Stoff nachzuholen. Aus der Sicht der Theorie des operanten Konditionierens würde jedoch auf diese Weise das vorausgehende Verhalten (also: in die Schule kommen) mit einer Bestrafung versehen und folglich abgebaut. Das kann so nicht beabsichtigt sein. War es wohl auch nicht, denn Edelmann berichtet weiter, dass der Lehrer jede noch so kleine schulische Leistung des Schülers sofort positiv verstärkte mit der Folge, dass er nach Ablauf weniger Wochen regelmäßig in die Schule kam.

Löschung. Wenn keine Reaktion auf ein Verhalten erkennbar ist, wenn also das Verhalten ignoriert wird, wird das vorausgehende Verhalten nicht verstärkt. In vielen Fällen tritt das Verhalten, das ignoriert wird, nicht wieder auf und wird gelöscht. Wenn beispielsweise ein Kind am Esstisch „Kraftausdrücke" benutzt, von denen die Eltern nicht möchten, dass sie bei Tisch (oder überhaupt) fallen, ist es ratsam, weder zu lachen noch zu schimpfen, sondern das Wort konsequent zu ignorieren.

Verstärker. Als Verstärker gelten grundsätzlich solche Reize, die auf operantes Verhalten hin gesetzesmäßig folgen und die die Auftretenswahrscheinlichkeit dieses Verhaltens erhöhen. Dabei sind beim Menschen ganz unterschiedliche Verstärkerarten wirksam:

1. Primäre Verstärker: Als primäre Verstärker bezeichnet man solche Ereignisse, die ein biologisches Grundbedürfnis befriedigen, z. B. Essen, Trinken, Wärme, Luft
2. Sekundäre Verstärker: Als sekundäre Verstärker bezeichnet man solche Ereignisse, die nur indirekt mit der Befriedigung von Grundbedürfnissen in Verbindung gebracht werden, z. B. weil man sie dafür eintauschen kann, wie etwa Spielmarken, die man gegen etwas anderes eintauschen kann, oder Pluspunkte, für die man später etwas Besonderes bekommt. Ein beim Menschen häufig genutzter sekundärer Verstärker ist Geld
3. Materielle Verstärker: Spielsachen, Fleißbildchen, Geld
4. Soziale Verstärker: Lob, Aufmerksamkeit, Lächeln, Zeit, Privilegien, Teammitgliedschaft oder eine besondere Position („Verkäufer des Monats"; „bester Vorleser der Klasse")
5. Aktivitätsverstärker: Lieblingsaktivität, Erlaubnis, sich selbst etwas auszusuchen, Freizeit, gemeinsame Aktivitäten
6. Informative Verstärker: Eine Aufgabe geht auf, ein Rätsel ist richtig gelöst, ein Bild vervollständigt sich, eine Rechnung bringt eine „glatte" Lösung, der erwünschte Effekt im chemischen Experiment stellt sich ein
7. Selbstverstärkung: Freude an der Tätigkeit selbst, Freude am Kompetenzzuwachs, Stolz auf das Erreichte, sich selbst belohnen, sich etwas gönnen
8. Fremdverstärkung: Verstärkung von außen, z. B. Geld fürs Zeugnis von der Oma, Lob von der Lehrerin oder vom Lehrer, Anerkennung von den Mitschülerinnen und Mitschülern

Verstärkung ist effektiv, wenn sie regelhaft und unmittelbar auf ein Verhalten folgt. Bestrafung ist – ungeachtet ihrer ethisch-moralischen Bewertung – dann effektiv, wenn sie unmittelbar auf die fragliche Reaktion folgt, eine hohe Auftretenswahrscheinlichkeit hat, keine Ausweich- und Fluchtmöglichkeit zulässt und zudem keine verstärkenden Eigenschaften besitzt. (Das könnte z. B. der Fall sein, wenn das Klassenklima in einer Schulklasse so aussieht, dass es für Schülerinnen und Schüler „cool" ist, einen Schulverweis zu erhalten). Das prinzipielle Problem der Bestrafung beruht aus der Sicht der Theorie des Operanten Konditionierens jedoch darin, dass der Lernende auf diese Weise zwar Information über das unerwünschte Verhalten erhält, aber noch keine Hinweise auf das erwünschte Verhalten. Zudem könnte das aggressive Verhalten des bestrafenden Erwachsenen ein Modell sein für die Kinder (siehe Abschn. 3.2.3). Eine Studie bei Kindergartenkindern hat beispielsweise gezeigt, dass Kinder, deren Mütter aggressive Verhaltensweisen mit einem „Klaps auf den Hintern" bestrafen bzw. mit Gewalt bestrafen, im Kindergarten mit Gleichaltrigen mehr aggressive Handlungen pro Stunde ausführen, als Kinder, deren Mütter auf aggressives Verhalten nicht mit körperlichen Strafen reagierten (vgl. Gerrig und Zimbardo 2008, S. 214–215).

Ein weiterer Aspekt, von dem die Effektivität von Verstärkung abhängt, ist die Häufigkeit, mit der Verstärkung auf ein Verhalten erfolgt. In diesem Zusammenhang wurden sog. Verstärkerpläne untersucht:

- *Kontinuierliche Verstärkung:* Es wird jede auftretende (erwünschte) Reaktion verstärkt (Immerverstärkung). Dadurch wird neues Verhalten schnell aufgebaut, bei Ausbleiben der Verstärkung aber auch rasch wieder verlernt (geringe Löschungsresistenz).

  Beispiel: Eine Englisch-Lehrerin möchte erreichen, dass die Schülerinnen und Schüler für jede Stunde die Vokabeln der letzten Stunde lernen. Sie überprüft die Vokabelkenntnisse in jeder Stunde schriftlich. Nachdem die Schülerinnen und Schüler verstanden haben, was zu tun ist, beendet die Lehrerin die Überprüfungen von heute auf morgen. Ergebnis? – Die Schülerinnen und Schüler lassen in ihrem Lerneifer zu den Vokabeln wahrscheinlich nach

- *Intermittierende Verstärkung:* Es wird nur gelegentlich, aber dennoch systematisch verstärkt (partielle Verstärkung). Dadurch wird neues Verhalten langsamer aufgebaut; der Löschungswiderstand ist aber sehr viel höher

  Beispiel: Die Lehrerin aus dem Beispiel von eben hört nicht schlagartig auf, die Vokabeln zu überprüfen, sondern tut dies nur noch gelegentlich in nicht vorhersagbaren Intervallen. Ergebnis? – Die Schülerinnen und Schüler behalten ihren Lerneifer wahrscheinlich bei.

Je nachdem, welcher Verstärkerplan zum Einsatz kommt, kann man beeinflussen, wie schnell das Verhalten erworben wird, wie oft das neu gelernte Verhalten gezeigt wird und wie widerstandsfähig das Verhalten gegenüber Löschung ist. Wenn Verhalten neu aufgebaut werden soll, ist eine kontinuierliche Verstärkung erforderlich bzw. sinnvoll. Wenn das Verhalten erfolgreich gezeigt wird, kann die Verstärkung nur noch gelegentlich erfolgen. Wenn Verhalten, das immer kontinuierlich verstärkt wurde, plötzlich nicht mehr verstärkt wird, unterbleibt es in vielen Fällen ganz. Verhalten, das zuerst kontinuierlich und dann nur noch gelegentlich verstärkt wird, ist besonders löschungsresistent.

Bedeutung des operanten Konditionierens für pädagogisches Handeln. Ein Beispiel dafür, wie die Theorie des Operanten Konditionierens im schulischen Kontext umgesetzt werden kann, ist der *Programmierte Unterricht,* der oft computerunterstützt realisiert wird. Der Aufbau dieser Lernprogramme beruht auf den Prinzipien der operanten Konditionierung (vgl. Leutner 2010):

- der Lernstoff wird in kleine Einheiten zerlegt
- zu jeder dieser Lerneinheiten muss die oder der Lernende eine Reaktion zeigen
- richtige Reaktionen werden unmittelbar verstärkt
- die oder der Lernende bestimmt das Lerntempo und damit den Lernfortschritt selbst.

Im Hinblick auf erzieherische Kontexte ist die Theorie des Operanten Konditionierens im Konzept der *Pädagogischen Verhaltensmodifikation* umgesetzt worden. So werden beispielsweise bei der Behandlung von Kindern mit Aufmerksamkeitsdefizit Token-Systeme genutzt, die mit systematischer Verstärkung erwünschten Verhaltens arbeiten. Auch Lehrerinnen und Lehrer setzen diese Verfahren ein, um das Lern- und Arbeitsverhalten von Schülerinnen und Schülern zu entwickeln. Damit diese Methode wirksam wird, ist es wichtig, dass die gewählten Verstärker von den Schülerinnen und Schülern tatsächlich als solche wahrgenommen werden und dem Entwicklungsstand der Schülerinnen und Schüler angemessen sind. Die Lehrerinnen und Lehrer müssen zudem dafür sorgen, dass es ausreichend Gelegenheiten gibt, dass die Schülerinnen und Schüler Verstärker erhalten können.

Theorie und Praxis
Das dicke Lob der Lehrerin

1. Überlegen Sie, welche Verstärker bei Schülerinnen und Schülern in verschiedenen Altersstufen angemessen erscheinen

2. Die Klassenlehrerin der 2b möchte den Schüler Olaf für seine Leistung im Vorlesewettbewerb belohnen. Sie hat die Theorie des Operanten Konditionierens studiert und händigt ihm diese Urkunde aus, um das Verhalten zu verstärken:

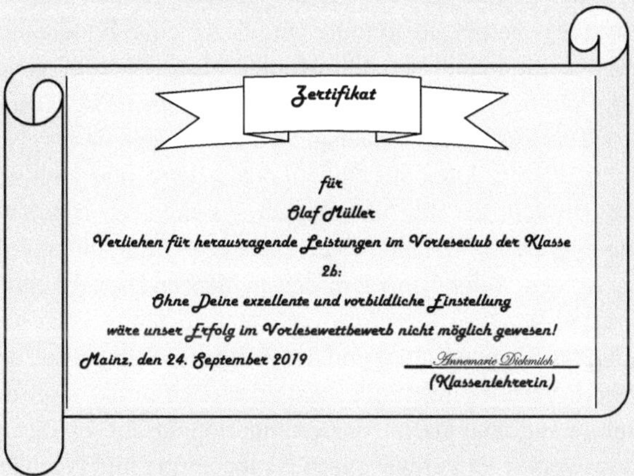

Wird die Lehrerin Ihrer Ansicht nach ihr Ziel erreichen? Was können Sie aus der Sicht der Theorie des Operanten Konditionierens dazu sagen?
(Lösungshinweise finden Sie im Anhang)

3.2.3 Sozial-kognitive Lerntheorien: Beobachtungslernen

Sowohl die Klassische Konditionierung als auch die Operante Konditionierung erklären Lernphänomene durch ein raum-zeitliches Zusammentreffen (Kontiguität) von Reiz und Reaktion. Ein Mangel dieser Ansätze besteht allerdings darin, dass sie nicht erklären können, warum beispielsweise ein Kleinkind seine Eltern nachahmt oder ein Schüler seinen Mitschüler.

Mit einer inzwischen klassischen Experimentalreihe hat Bandura in den 1960er-Jahren aufgezeigt, wie Kinder aus der Beobachtung ihrer sozialen Umgebung lernen: Die Kinder sahen in einem Film, wie ein Erwachsener (ein Modell) eine große Plastikpuppe physisch und verbal attackierte. Je nach experimenteller Bedingung wurde das Modell für sein aggressives Verhalten von einem anderen Erwachsenen entweder belohnt oder bestraft. In einer dritten Experimentalgruppe blieb das Verhalten unkommentiert. Nach der Filmvorführung hatte jedes Kind die

Gelegenheit, in einem Spielzimmer mit einer Reihe von Gegenständen zu spielen, darunter war auch die in der Filmvorführung geprügelte und gescholtene Puppe. Die Kinder wurden aufgefordert nachzumachen, was sie im Film gesehen hatten. Dabei waren die Kinder aus jener Versuchsbedingung, in der das Modell für sein aggressives Verhalten bestraft wurde, wesentlich zurückhaltender, was ihre Aktivitäten anging. Gemäß dem Prinzip der stellvertretenden Verstärkung (hier eigentlich: Bestrafung) hatten sie offenbar bereits aus einer Beobachtung gelernt und nicht erst an selbst erfahrenen Verhaltensfolgen. (Eine Illustration des Experiments finden Sie auf *youtube*, wenn Sie *Bobo Doll Experiment/Bandura* eingeben). Zumindest hatte sie der strafende Filmausgang dazu bewegt, das aggressive Verhalten nicht aktiv zu imitieren. Dass sie es dennoch gelernt und kognitiv repräsentiert hatten, wurde deutlich, als der Versuchsleiter seinerseits Belohnungen für jede noch erinnerte aggressive Verhaltensweise aus dem Film anbot. Jetzt entsprachen die „Leistungen" denen der Kinder in den beiden anderen Experimentalgruppen (Bandura et al. 1963).

Nicht alle Verhaltensweisen werden durch eigenes Tun gelernt und nicht immer sind unmittelbare Verstärkungen oder Assoziationen notwendig, damit etwas gelernt wird. Banduras sozial-kognitive Lerntheorie trägt dieser Tatsache Rechnung. Viele Verhaltensweisen lernen wir durch Beobachtung und Nachahmung anderer. Mit der Formulierung der sozial-kognitiven Lerntheorie des Beobachtungslernens hat Bandura das Paradigma der behavioristischen Lerntheorien verlassen, denn sie enthält Annahmen über kognitive (geistige) Prozesse, die dem Lernen zugrunde liegen. Diese vier Teilprozesse des Beobachtungslernens sind:

- Aufmerksamkeit
- Informationsverarbeitung (Kodieren und Behalten)
- Motorische Reproduktion
- Verstärkung und Motivation

Wenn also durch Beobachtung gelernt werden soll, muss die Aufmerksamkeit des Lernenden auf die relevanten Merkmale gelenkt werden. Dabei ist zu beachten, dass der Lernende auch fähig ist, diese Information zu verarbeiten und abzuspeichern, denn die Aufmerksamkeitskapazität von Anfängern und jungen Lernenden ist geringer als die von Expertinnen und Experten oder älteren Lernenden (Sie erinnern sich vielleicht noch daran, wie komplex das Autolenkrad mit allen seinen Hebeln bei Ihrem ersten Fahrversuch war). Damit erfolgreich vom Modell gelernt werden kann, ist auch zu prüfen, ob der Lernende grundsätzlich die Fähigkeiten besitzt, um das entsprechende Verhalten oder die geforderte Leistung (motorisch) umzusetzen. Schließlich gehört zum Lernen durch Beobachtung auch die Verstärkung, insbesondere das positive Resultat, um die Motivation aufrechtzuerhalten, das beobachtete Verhalten zu zeigen.

Theorie und Praxis
Schülerinnen und Schüler lernen voneinander

Eine Praktikantin versucht sich in der Förderung einer einzelnen Schülerin. Das Ziel ist, Ellen dabei zu unterstützen, durch Lernen am Modell Strategien im Notizenmachen zu vermitteln. Dabei verfasst sie einen Bericht:

„Heute habe ich damit angefangen, Ellen einige Strategien zu zeigen, wie sie Notizen aus dem Lehrbuch machen soll. Ich begann, indem ich ihr sagte, dass diese Technik bei mir und anderen Schüler sehr gut funktioniere. Ich zeigte ihr diese Technik, indem ich eine Seite des Textes auf den Overhead-Projektor legte und ihr demonstrierte, wie ich Notizen zu der Seite machen würde. Damit mir Ellen besser bei meinem Vorgehen folgen konnte, gab ich ihr eine Liste der Notizen-Techniken, die ich zeigen wollte. Ich versuchte die Liste auf vier oder fünf wichtige Strategien zu kürzen, weil ich ihr nicht zu viele Dinge auf einmal geben wollte, an die sie denken müsste. Außerdem zeigte ich ihr immer jeweils nur eine Strategie und ließ ihr genügend Zeit für Rückfragen. Während der nächsten zwei Wochen werden wir beide unsere eigenen Notizen von ihren Leseaufträgen aus der Klasse machen und diese dann vergleichen. Auf diesem Wege kann ich ihr Verbesserungsvorschläge machen. Ich hoffe, dass ich ihr so greifbare Ergebnisse zeigen kann, wenn sich ihre Note verbessert. Ich denke ebenfalls darüber nach, sie gelegentlich mit zwei anderen Schülern, die diese Techniken erfolgreich verwenden, ihre Arbeit gemeinsam machen zu lassen.“

Fragen:
1. Welche Aspekte des Lernens am Modell setzt die Praktikantin in der Arbeit mit Ellen erfolgreich um?

2. Welche Aspekte des Lernens am Modell könnte die Praktikantin noch berücksichtigen?

(Lösungshinweise im Anhang)

Methoden-Exkurs: Experiment und Quasi-Experiment

Das Experiment gilt als Königsweg psychologischer Forschung. Kennzeichnend ist die absichtliche und planmäßige Auslösung eines Vorganges, der objektiv und unter streng kontrollierten Bedingungen beobachtet werden soll. Gelingt diese Kontrolle, so sind kausale Aussagen über Ursache-Wirkungs-Relationen möglich (vgl. Huber 2013; Hussy et al. 2013).

In der experimentellen Forschung wird untersucht, ob die gezielte Veränderung einer Variablen r die (erwartete) Veränderung einer anderen Variable zur Folge hat. Als unabhängige Variable (UV) bezeichnet man die vom Versuchsleiter beeinflusste Variable (z. B. die Art des Lernmaterials im Gedächtnisexperiment). Als abhängige Variable (AV) bezeichnet man jene Variable, von der man annimmt, dass ihre Ausprägung in kausalem Zusammenhang mit der Veränderung der unabhängigen Variable steht (z. B. die Anzahl der erinnerten Silben).

Im klassischen Experiment wird einer Experimentalgruppe (EG) eine Kontrollgruppe (KG) gegenübergestellt, bei der keine Manipulation an der unabhängigen Variable vorgenommen wurde. Beispiel: Die Experimentalgruppe wird in eine Lernstrategie eingewiesen und darf dann eine Wortliste lernen, die Kontrollgruppe erhält keinen Hinweis auf die Lernstrategie, lernt aber ebenfalls die Wortliste. Beide Gruppen werden dann hinsichtlich ihrer Behaltensleistung (AV) miteinander verglichen.

Der Versuchsleiter kontrolliert, dass es keine anderen, nicht erfassten oder nicht kontrollierten Einflüsse auf das Ergebnis (also auf die Ausprägung der AV) gibt. Es soll ausschließlich die Beziehung zwischen der Unabhängigen Variable und der Abhängigen Variable untersucht werden. Sind alle denkbaren Störgrößen kontrolliert, so können Unterschiede in der Abhängigen Variable auf die unterschiedliche Behandlung der Gruppen zurückgeführt werden. Beispiel: Wenn die Gruppe, die in eine Lernstrategie eingewiesen wurde, mehr Begriffe erinnert, dann ist dieser Effekt auf eine klare Ursache, nämlich auf die Lernstrategie zurückzuführen.

Ein weiteres wesentliches Kriterium der experimentellen Kontrolle ist die zufällige Aufteilung der Untersuchungsteilnehmerinnen und Untersuchungsteilnehmer auf die Experimental- und Kontrollgruppe (Randomisierung). Nur Studien, in denen das Prinzip der Randomisierung Anwendung findet, sind echte Experimente. Die Randomisierung dient dem Zweck, den Einfluss der Unterschiede zwischen den Gruppen (Alter, Geschlecht, Persönlichkeitsmerkmale) zu minimieren, indem man sie „dem Zufall überlässt". Damit der Zufall in diesem Sinne wirken kann, sind allerdings ausreichend große Gruppen notwendig. Von einem *Experiment* spricht man also, wenn die folgenden Bedingungen erfüllt sind (vgl. Huber 2013):

(a) Die Versuchsleiterin/Der Versuchsleiter stellt die Bedingungen willkürlich her (z. B. indem sie oder er geordnete und ungeordnete Listen zum Lernen vorgibt).

(b) Die Versuchsleiterin/Der Versuchsleiter definiert eine exakte Messvorschrift (Operationalisierung) für die Variable, die sich aufgrund der Manipulation verändern soll (AV). (Im Beispiel: Anzahl der behaltenen Begriffe).

(c) Die Versuchsleiterin/Der Versuchsleiter verändert für jede Untersuchungsgruppe genau eine Bedingung und hält alle anderen Bedingungen gleich.

(d) Die Unterschiede zwischen den Bedingungen sind theoretisch begründet.

(e) Die Versuchsleiterin/Der Versuchsleiter ordnet die Versuchspersonen zufällig den Versuchsbedingungen zu (Randomisierung).

(f) Die Versuchsleiterin/Der Versuchsleiter hat VORAB eine klare Hypothese über den Ausgang des Experiments.

(g) Die Versuchsleiterin/Der Versuchsleiter hat VORAB eine klar definierte Entscheidungsregel, anhand der festzustellen ist, ob die Hypothese zutrifft oder ob das Ergebnis auch zufällig zustande gekommen sein kann.

Quasi-experimentelle Untersuchungen. Gegenstand einer experimentellen Untersuchung können aber auch Variablen oder Bedingungen sein, die die Versuchsleiterin/der Versuchsleiter gar nicht willkürlich herstellen *kann*. Vielleicht interessiert sich die Versuchsleiterin/der Versuchsleiter für die Frage, ob sich ältere Kinder mehr Begriffe aus einer Liste behalten können als jüngere. In diesem Fall kann er aber das Alter der Kinder nicht willkürlich manipulieren, sondern teilt die Versuchsgruppen lediglich nach dem Merkmal Alter ein. Wenn eine Versuchsleiterin/ ein Versuchsleiter die Probandinnen und Probanden also nicht zufällig den Versuchsbedingungen zuordnet, oder wenn Variablen, die untersucht werden sollen, gar nicht manipuliert werden können, spricht man von einer quasi-experimentellen Untersuchung. Quasi-experimentelle Untersuchungen können im Gegensatz zu einem echten Experiment nicht so interpretiert werden, dass man Aussagen über klare Ursache-Wirkung Zusammenhänge begründen könnte.

Beispiel für ein Experiment. Im Folgenden wird ein Beispiel für eine experimentelle Untersuchung vorgestellt.

Imhof et al. (1996)*: Ein Experiment zum Lernen mit Bildern bei Schülern und Schülerinnen der 6. Klasse (Gymnasium)*

Theoretische und empirische Basis. Das Lernen mit Bildern beeinflusst das Behalten der Information bei Schülerinnen und Schülern positiv. Aber: Versuche mit verschiedenen Typen von Bildern, die Lernen unterstützen sollen, haben widersprüchliche Ergebnisse gebracht.

Fragestellung. Welche Arten von Bildern sind besser geeignet, das Lernen zu unterstützen? Darstellende Bilder haben einen hohen Realitätsgrad, aber man braucht Zeit, die Information auf dem Bild zu verarbeiten. Diese Zeit hat man aber evtl. bei einem Vortrag nicht. Logische Bilder dagegen bieten eine Strukturierungshilfe. Sie enthalten keine zusätzliche Information, die zu verarbeiten ist, aber sie sind abstrakt und vielleicht langweilig.

Hypothesen. Kinder, die mit Strukturierungshilfen arbeiten, erbringen (im Durchschnitt) bessere Ergebnisse im Wissenstest, als Kinder, die mit darstellenden Bildern arbeiten.

Methode. Stichprobe: 56 Kinder zwischen 11 und 13 Jahren, 6. Klasse Gymnasium, Biologie-Unterricht; Die Kinder wurden den Untersuchungsbedingungen zufällig zugeordnet (per Los). UV: Art der Darstellung, die zum Vortrag dazu kommt: darstellende und logische Bilder. AV: Abfrage von Wissen, Reproduktion und Transfer
Eingesetzte Verfahren: Text zum Thema Tarnung bei Insekten; Test zur Wissensabfrage (max. 10 Punkte). Es wurden 4 Gruppen gebildet:

- Gruppe 1: hört den Text ohne Bilder (Kontrollgruppe)
- Gruppe 2: hört den Text mit Unterstützung von logischen Bildern
- Gruppe 3: hört den Text mit Unterstützung von darstellenden Bildern
- Gruppe 4: hört den Text mit Unterstützung von logischen und darstellenden Bildern

Die Untersuchung wurde im regulären Unterricht realisiert, die Kinder waren auf verschiedene Räume verteilt, der Text wurde auf Kassette gesprochen und vorgespielt, eine Lehrperson war anwesend. Die Kinder sollten sich keine Notizen machen. Die Präsentation dauerte bei allen Gruppen gleich lang.
Beispiele für ein darstellendes und ein logisches Bild

Darstellendes Bild

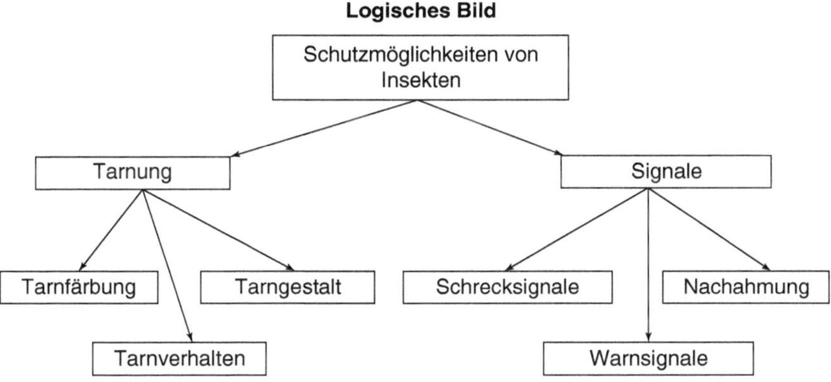

Tab. 3.1 Mittelwerte und Standardabweichungen aus dem Wissenstest in den verschiedenen Gruppen

Lerngruppe	$M*$	$SD**$
ohne Bilder	4.42	1.83
mit logischen Bildern	5.67	2.06
mit darstellenden Bildern	5.00	2.70
mit darstellenden und logischen Bildern	6.75	1.14

$*M$ steht für den Mittelwert, der in der jeweiligen Gruppe erzielt wird
$**SD$ steht für die Streuung und repräsentiert das Ausmaß, in dem die Einzelwerte um den Gruppenmittelwert schwanken

Ergebnis. Man erkennt an den Mittelwerten in Tab. 3.1 aus dem Behaltenstest, dass in diesem Experiment die Gruppe der Kinder, die mit logischen Bildern gelernt haben, im Durchschnitt besser abschneidet als die Gruppe der Kinder, die ohne Bilder gelernt haben.

Wie kann man diese Werte interpretieren? Kann man nun behaupten, dass die Kinder, die mit den darstellenden Bildern gelernt haben, besser abschneiden als die Kinder, die ohne Bilder gelernt haben? Um zu entscheiden, ob die Unterschiede in den durchschnittlichen Testergebnissen von Bedeutung sind (signifikant) oder nur zufällig zustande gekommen sind und vielleicht bei einer Wiederholung des Experiments so gar nicht mehr auftreten würden, ist eine Entscheidungsregel erforderlich. Dazu benutzt man in der Forschung statistische Verfahren, mit deren Hilfe Wissenschaftlerinnen und Wissenschaftler prüfen, ob der beobachtete Unterschied in den Mittelwerten groß genug ist, dass man mit einer gewissen Wahrscheinlichkeit davon ausgehen kann, dass die Unterschiede systematisch sind und auf die experimentelle Bedingung zurückgeführt werden können. Wenn der Unterschied zwischen zwei Mittelwerten nicht mehr auf zufällige Schwankungen zurückzuführen ist, nennt man ihn signifikant. Im vorliegenden Fall sind die Unterschiede zwischen den Gruppen, die mit logischen Bildern gelernt haben und denen, die ohne Bilder gelernt haben, signifikant. Der Unterschied zwischen den Gruppen, die ohne Bilder gelernt haben und denen, die die darstellenden Bilder gesehen haben, ist nicht signifikant, also mit dem Zufall zu erklären. Es gibt also einen Behaltensvorteil für die Gruppen mit logischen Bildern. Ein zusätzlicher behaltensförderlicher Effekt der darstellenden Bilder ist nicht erkennbar.

Interpretation und Diskussion. Anschaulichkeit ist vielleicht gut, braucht aber mehr Zeit zum Verarbeiten. Darstellende Bilder sind recht komplex und erfordern die Fähigkeit, die Komplexität zu deuten und zu interpretieren. Die Begrenztheit der Lernzeit lässt eine umfassende Verarbeitung der darstellenden Bilder nicht zu.

Bewertung. Was ist Ihre Meinung zu dieser Untersuchung? Ist die Untersuchung in sich stimmig? Kann man diese Untersuchung Ihrer Ansicht nach verallgemeinern? Könnte das Ergebnis Konsequenzen für die Unterrichtsgestaltung nach sich ziehen? Was bedeutet diese Untersuchung für den Medieneinsatz im Unterricht?

3.3   Zusammenfassung

Psychologische Theorien des Gedächtnisses und Lernens untersuchen die Gesetzmäßigkeiten, nach denen Informationsverarbeitung, Wissenserwerb und Verhaltensänderung ablaufen. Die Gedächtnispsychologie arbeitet mit verschiedenen Modellen, bei denen Gedächtnissysteme entweder hinsichtlich der Inhalte oder hinsichtlich der Prozesse strukturiert werden. In Prozessmodellen des Gedächtnisses wird der Weg der Informationsverarbeitung beschrieben. Dabei wird auch erkennbar, inwieweit die Informationsverarbeitung beispielsweise durch strategisches Vorgehen optimiert werden kann. In der Lernpsychologie wird die Frage behandelt, wie Menschen Information aufnehmen und Verhalten ändern. Zentral unterscheiden sich lernpsychologische Ansätze darin, ob sie mentale Repräsentationen in ihren Modelle berücksichtigen oder sich im Wesentlichen auf das beobachtbare Verhalten beschränken. In allen Fällen sind experimentelle Methoden ein wichtiges Instrument zur Überprüfung von Hypothesen und zur Entwicklung der theoretischen Konzepte.

Literatur

Atkinson, J. W., & Shiffrin, R. M. (1968). Human memory: A proposed system and its control processes. In K. W. Spence & T. W. Spence (Hrsg.), *The psychology of learning and motivation: Advances in research and theory* (Vol. 2, S. 90–197). New York: Academic.

Bandura, A., Ross, D., & Ross, S. A. (1963). Imitation of film – Mediated aggressive models. *Journal of Abnormal and Social Psychology, 66*, 3–11.

Boekarts, M., de Koning, E., & Vedder, P. (2006). Goal directed behavior and contextual factors in the classroom: An innovative approach to the study of multiple goals. *Educational Psychologist, 41*, 33–51.

Bower, G. A., & Hilgard, E. R. (1981). *Theories of learning.* Englewood Cliffs: Prentice Hall.

Bransford, J. D., Brown, A. L., & Cocking, R. R. (Hrsg.). (2000). *How people learn. Brain, mind, experience and school.* Washington: National Academy Press.

Edelmann, W. (2000). *Lernpsychologie.* Weinheim: Beltz PVU.

Fetsco, T., & McClure, J. (2005). *Educational psychology: An integrated approach to classroom decisions.* Boston: Pearson.

Gerrig, R. J., & Zimbardo, P. G. (2008). *Psychologie (18. Auflage).* München: Pearson.

Gerrig, R. J., & Zimbardo, P. G. (2018). *Psychologie.* München: Pearson.

Gold, A. (2009). Gedächtnis und Wissen. In S. Preiser (Hrsg.), *Pädagogische Psychologie* (S. 69–97). München: Juventa.

Götz, T. (2006). *Selbstreguliertes Lernen: Förderung metakognitiver Kompetenzen im Unterricht der Sekundarstufe.* Donauwörth: Auer.

Götz, T., & Nett, U. E. (2011). Selbstreguliertes Lernen. In T. Götz (Hrsg.), *Emotion, Motivation und selbstreguliertes Lernen* (S. 144–183). Paderborn: Schöningh.

Hattie, J. (2012). *Visible learning for teachers. Maximizing impact on learning.* London: Routledge.

Helmke, A. (2017). *Unterrichtsqualität und Lehrerprofessionalität. Diagnose, Evaluation und Verbesserung des Unterrichts.* Seelze: Klett-Kallmeyer.

Huber, O. (2013). *Das psychologische Experiment.* Bern: Huber.

Hussy, W., Schreier, M., & Echterhoff, G. (2013). *Forschungsmethoden in Psychologie und Sozialwissenschaften für Bachelor.* Berlin: Springer.

Imhof, M. (2010). Zuhören lernen und lehren – Psychologische Grundlagen zur Beschreibung und Förderung von Zuhörkompetenzen in Schule und Unterricht. In V. Bernius & M. Imhof (Hrsg.), *Zuhörkompetenz in Schule und Unterricht* (S. 15–30). Göttingen: Vandenhoeck & Ruprecht.

Imhof, M., Echternach, B., Huber, S., & Knorr, S. (1996). Hören und Sehen: Behaltensrelevante Effekte von Illustrationen beim Zuhören. *Unterrichtswissenschaft, 24*, 329–342.

Kunter, M., & Trautwein, U. (2017). *Psychologie des Unterrichts.* Paderborn: Schöningh.

Leutner, D. (2010). Programmierter und Computerunterstützter Unterricht. In D. H. Rost (Hrsg.), *Handwörterbuch Pädagogische Psychologie* (S. 663–670). Weinheim: Beltz PVU.

Mandl, H., & Friedrich, H. F. (Hrsg.). (2006). *Handbuch Lernstrategien.* Göttingen: Hogrefe.

Markowitsch, H. J. (1999). *Gedächtnisstörungen.* Stuttgart: Kohlhammer.

Mayer, R. E. (2011). *Applying the science of learning*. Boston: Pearson.

Nückles, M., & Wittwer, J. (2014). Lernen und Wissenserwerb. In T. Seidel & A. Krapp (Hrsg.), *Pädagogische Psychologie* (S. 225–252). Weinheim: Beltz.

Ormrod, J. E. (2008). *Educational psychology: Developing learners*. Boston: Pearson.

Ormrod, J. E. (2011). *Educational psychology: Developing learners*. Boston: Pearson.

Seidel, T., & Reiss, K. (2014). Lerngelegenheiten im Unterricht. In T. Seidel & A. Krapp (Hrsg.), *Pädagogische Psychologie* (S. 253–275). Weinheim: Beltz.

Seidel, T., & Shavelson, R. J. (2007). Teaching effectiveness research in the past decade: The role of theory and research design in disentangling meta-analysis results. *Review of Educational Research, 77*, 454–499.

Steiner, G. (2001). Lernen und Wissenserwerb. In A. Krapp & B. Weidenmann (Hrsg.), *Pädagogische Psychologie* (S. 137–205). Weinheim: Beltz PVU.

Thompson, G. G. (1962). *Child Psychology. Growth trends in psychological adjustment*. Boston: Houghton Mifflin.

Watson, J. B., & Rayner, R. (1920). Conditioned emotional reactions. *Journal of Experimental Psychology, 3*, 1–14.

Weiterführende Literatur zu diesem Kapitel

Götz, T. (2006). *Selbstreguliertes Lernen: Förderung metakognitiver Kompetenzen im Unterricht der Sekundarstufe*. Donauwörth: Auer.

Huber, O. (2013). *Das psychologische Experiment*. Bern: Huber.

Kunter, M., & Trautwein, U. (2017). *Psychologie des Unterrichts*. Paderborn: Schöningh.

Mandl, H., & Friedrich, H. F. (Hrsg.). (2006). *Handbuch Lernstrategien*. Göttingen: Hogrefe.

Petermann, F., & Petermann, U. (2018). *Lernen: Grundlagen und Anwendungen*. Göttingen: Hogrefe.

Zusammenfassung

Menschen unterscheiden sich in vielfacher Weise voneinander und es ergibt sich die Frage, wie sich solche Unterschiede erklären lassen. In diesem Kapitel wird beispielhaft die Frage bearbeitet, wie sich erklären lässt, dass manche Schülerinnen und Schüler in der Schule sehr erfolgreich sind und andere wiederum nicht. Dazu werden theoretische Konzepte von Intelligenz und Motivation vorgestellt. Beispielhaft werden einzelne empirische Befunde zum Zusammenhang von Intelligenz, Motivation und Schulleistung diskutiert.

Fallbeispiel

Klaus und Paula: Unterschiedliche Leistungen im selben Unterricht?

Klaus und Paula sind in der 7b und sitzen nebeneinander. Sie waren schon in der Grundschule befreundet. Sie sind nun beide in den gymnasialen Zweig aufgerückt. Klaus war in den beiden Schuljahren, die sie in der Orientierungsstufe zusammen verbracht haben, ein eher durchschnittlicher Schüler, während Paula eher zu der Gruppe der leistungsstärkeren Kinder gehörte. Klaus macht nur selten bei außerunterrichtlichen Klassenaktivitäten mit, während Paula meistens die erste ist, die sich meldet, wenn es etwas zu organisieren gibt. Als das neue Schuljahr beginnt, beobachtet die Lehrerin, dass Klaus seine Hausaufgaben oft nur unvollständig mitbringt. Paula hat dagegen häufig zusätzlich etwas dabei. Das selbstständige, sinnentnehmende Lesen fällt Klaus schwer. Wenn er selbstständig etwas erarbeiten soll, fängt er kaum mit der Arbeit an und erzielt nur schwache Ergebnisse. Er wirkt im

(Fortsetzung)

© Springer-Verlag GmbH Deutschland, ein Teil von Springer Nature 2020

M. Imhof, *Psychologie für Lehramtsstudierende*, Basiswissen Psychologie,

https://doi.org/10.1007/978-3-662-58727-0_4

Unterricht auch häufig „abwesend". Bei Klassenarbeiten sitzt Klaus lange da, ohne wirklich anzufangen, während Paula schon konzentriert arbeitet und meistens bei den Ersten ist, die fertig sind.

Fragen:
1. Was unterscheidet Paula und Klaus voneinander?
2. Welche Faktoren sind möglicherweise dafür verantwortlich, dass sie beide beim selben Unterricht so unterschiedliche Ergebnisse erzielen?

(Lösungshinweise im Anhang)

4.1   Theoretische Grundlagen

Wenn sich Lehrerinnen und Lehrer die Schulleistungen von Schülerinnen und Schülern am Ende eines Schuljahres betrachten, werden sie ziemlich sicher recht große Unterschiede finden und sich vielleicht die Frage stellen, wie diese Unterschiede zu erklären sind, zumal doch alle in der Klasse denselben Unterricht durchlaufen haben. Ein Schluss, zu dem Lehrerinnen und Lehrer kommen könnten, wäre, dass sich die Schülerinnen und Schüler in ihren Voraussetzungen voneinander unterscheiden: „Anna ist mathematisch begabter als Bettina.", oder: „Carl ist ehrgeiziger als Dennis.", oder: „Elena schneidet in Prüfungssituationen immer schlechter ab als andere, weil sie vor lauter Prüfungsangst nicht mehr 1 und 1 zusammenzählen kann."

4.1.1   Ein Modell schulischen Lernens

Mit diesen und ähnlichen Erklärungen heben Lehrerinnen und Lehrer auf die Unterschiede zwischen ihren Schülerinnen und Schülern ab. Dabei spielen Begriffe wie beispielsweise Intelligenz, Ängstlichkeit oder Motivation eine Rolle. In einer einfachen Theorie des schulischen Lernens nach Bloom (1976) werden die Faktoren zusammengefasst, die einen Einfluss auf das Ergebnis von schulischen Lernprozessen ausüben und die herangezogen werden können, um die Unterschiede zwischen den Lernergebnissen verschiedener Lernender zu erklären (vgl. Abb. 4.1).

   Ausgangspunkt in diesem Modell ist die Annahme, dass sich Schülerinnen und Schüler bereits in relevanten Eingangsvoraussetzungen unterscheiden. Dazu gehören sowohl kognitive als auch affektive Merkmale. Zu den kognitiven

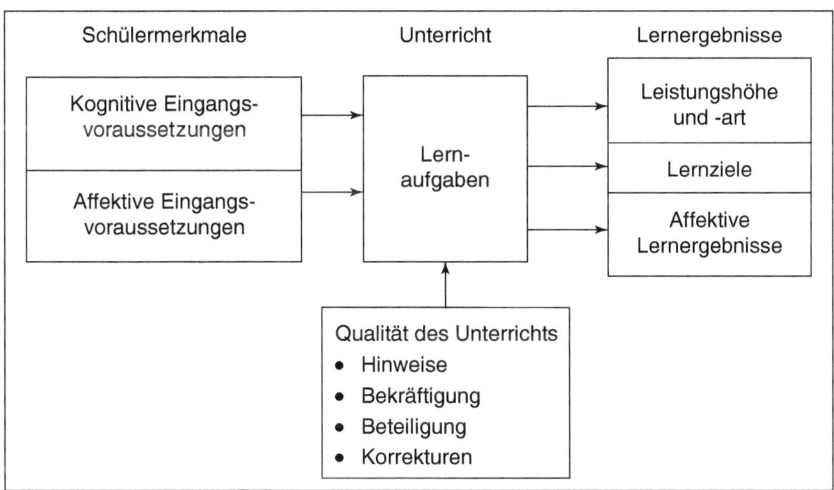

Abb. 4.1 Adaptierte und vereinfachte Darstellung des Angebots-Nutzungsmodells des Unterrichts (Helmke 2017)

Eingangsvoraussetzungen gehören beispielsweise die allgemeine Intelligenz, das Vorwissen oder die Gedächtniskapazität. Zu den affektiven Eingangsvoraussetzungen zählen motivationale Orientierung, Einstellungen und Interessen, aber auch Aspekte wie Ängstlichkeit.

Des Weiteren spielen für das Lernergebnis Merkmale des Unterrichts eine Rolle: Welche Ziele sollten erreicht werden und mit welchen Mitteln wurde dies umgesetzt? Die Art und Vielfältigkeit der Lernaufgaben beeinflussen das Lernergebnis ebenso wie die Qualität des Unterrichts, die sich in Art und Häufigkeit der Übungsmöglichkeiten, der Rückmeldungen und konstruktiven Korrekturen, aber auch der Schülerbeteiligung und kognitiven Aktivierung zusammenfassen lässt.

Die Unterschiedlichkeit von Lernergebnissen ist schließlich auch darauf zurückzuführen, wie diese definiert und erfasst werden. Wird das Lernergebnis dadurch bestimmt, dass eine Schülerin oder ein Schüler einen bestimmten Standard nachweislich erreicht (z. B.: Schüler X überspringt eine Latte von 110 cm Höhe) oder wird Lernerfolg durch die Lernrate oder den Zuwachs an Wissen und Können bestimmt (z. B. Schüler Y überspringt am Ende einer Übungsphase eine 20 cm höhere Latte als zu Beginn)? Schließlich kann aber das Lernergebnis auch in affektiven Aspekten gesehen werden (Schüler Z hat nach der Lerneinheit mehr Freude am Sport als vorher).

Aus diesem sehr stark vereinfachten Modell des schulischen Lernens wird deutlich, dass Unterschiede in den Merkmalsausprägungen zwischen Menschen von

Bedeutung sind und daher beim Lernen und Lehren zu berücksichtigen sind. Im Folgenden werden die individuellen Eingangsvoraussetzungen bei den Schülermerkmalen an zwei Beispielen näher thematisiert.

4.1.2 Personenmerkmale und deren Erfassung

Wenn etwa gesagt wird, Ingrid sei intelligent, Robert aggressiv, Georg schüchtern und Margret ängstlich, dann beschreiben solche umgangssprachlichen Aussagen die „Persönlichkeit" des Jungen oder Mädchens. Intelligenz, Aggressivität, Schüchternheit oder Ängstlichkeit sind also Beispiele von *Persönlichkeitsmerkmalen.*

Wenn man dann genauer nachfragt, woran man solche Persönlichkeitsmerkmale erkennen kann, muss man feststellen, dass sie direkt nicht beobachtbar sind. Allenfalls findet man Indikatoren (d. h. Hinweise), die die Vermutung nahe legen, bei einer Person sei ein entsprechendes Persönlichkeitsmerkmal in bestimmter Weise (mehr oder weniger stark) ausgeprägt. Aufgrund welcher Beobachtungen könnte man beispielsweise sagen: „Ein Kind ist intelligent." oder: „Ein Kind ist motiviert."?

Persönlichkeitsmerkmale stellen sich also als Annahmen (Hypothesen) heraus, die verwendet werden, um konkretes Verhalten von Personen zu erklären. Der Fachbegriff heißt: *Hypothetisches Konstrukt.*

Hypothetische Konstrukte sind nicht unmittelbar beobachtbar. Sie werden über Indikatoren, also über beobachtbares Verhalten, erschlossen. Dabei definieren die Indikatoren einerseits das hypothetische Konstrukt, während andererseits das hypothetische Konstrukt den empirisch beobachtbaren Indikatoren ihre Bedeutung verleiht (vgl. Abb. 4.2).

Theorie	hypothetisches Konstrukt	z. B. Motivation
	↑ ↓	
Empirie	Empirische Indikatoren	z. B. beginnt von sich aus mit der Arbeit; bleibt dran, auch wenn sie oder er einen Fehler gemacht hat

Abb. 4.2 Verhältnis von hypothetischem Konstrukt und empirischen Indikatoren

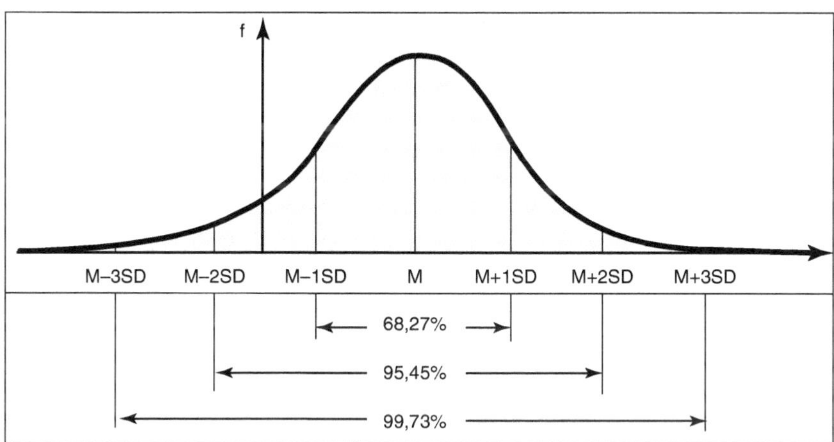

Abb. 4.3 Die Gaußsche Normalverteilung

In der Regel wird angenommen, dass sich Persönlichkeitsmerkmale ebenso wie biologische Merkmale (z. B. Körpergröße) „normal" verteilen. Die *Normalverteilung* (auch als Gaußsche Kurve bezeichnet; vgl. Abb. 4.3) ist eine theoretisch begründbare Verteilungsform, die zu erwarten ist, wenn ein Merkmal von zahlreichen Faktoren gleichzeitig beeinflusst wird, wobei diese Einflussfaktoren voneinander unabhängig sind. Als Beispiel soll die Körpergröße dienen. Sie wird durch verschiedene Faktoren beeinflusst, z. B. die genetische Ausstattung, Ernährung und Gesundheitszustand. In einer großen Gruppe von Menschen lassen sich mit Hinblick auf die Körpergröße messbare Unterschiede feststellen. Es lässt sich auch feststellen, dass extreme Ausprägungen (also sehr große und sehr kleine Menschen) eher selten zu finden sind (aber eben zu finden sind) und dass die Körpergröße der Mehrzahl der Menschen in der Nähe der Durchschnittsgröße liegt Diese Verhältnisse, nämlich die relativ geringe Auftretenswahrscheinlichkeit für extreme Ausprägungen und die Häufung bei mittleren Ausprägungen, wird durch die mathematischen Eigenschaften der Normalverteilung repräsentiert. Charakteristika der Normalverteilung:

- Die Wendepunkte der Kurve liegen bei $M \pm 1\ SD$, d. h. vom Mittelwert aus im Abstand von einer Standardabweichung nach oben und unten.
- Durch Mittelwert und Standardabweichung ist der gesamte Verlauf der Normalverteilung vollständig definiert.
- Es lässt sich vorhersagen, wie viele Fälle in einem bestimmten Bereich der Normalverteilung liegen: Im Bereich $M \pm 1\ SD$ liegen beispielsweise 68,27 % aller

Fälle; im Bereich *M* ± 2 *SD* liegen 95,45 % aller Fälle, d. h. außerhalb dieses Bereichs sind nur noch 4,55 % zu finden.

Methoden-Exkurs: Methodische Grundlagen psychologischer Tests
„Ein Test ist ein wissenschaftliches Routineverfahren zur Untersuchung eines

- oder mehrerer empirisch abgrenzbarer Persönlichkeitsmerkmale mit dem
- Ziel einer möglichst quantitativen Aussage über den relativen Grad der
- individuellen Merkmalsausprägung" (Lienert und Raatz 1998, S. 1).

Quantitative Aussagen beziehen sich auf größer-kleiner- bzw. stärker-schwächer-Relationen und nicht auf bewertende Relationen im Sinne von besser und schlechter. In Tests werden die quantitativen Aussagen durch Zahlen in einem definierten Maßsystem ausgedrückt. Deshalb heißen sie auch *psychometrische Tests*.

Aussagen über den relativen Grad der individuellen Merkmalsausprägung werden über die *Normierung* erreicht. Damit ist die Herstellung eines Bezugssystems für die Einordnung des individuellen Testergebnisses gemeint. Dabei wird vorausgesetzt, dass das zu testende Merkmal sich normal verteilt. Die charakteristischen Punkte der Normalverteilung:

- der Höhepunkt (entspricht dem Mittelwert der Verteilung) und
- die beiden Wendepunkte (sind je eine Standardabweichung vom Höhepunkt entfernt) werden als Bezugspunkte zur Konstruktion eines Maßsystems verwendet (vgl. Abb. 4.4).

Die Verwendung von exponierten Punkten in den Ausprägungsgraden einer Variablen zur Herstellung eines Maßsystems ist ein übliches Verfahren. Wenn beispielsweise die Temperatur einen bestimmten Grad erreicht hat, beginnt Wasser zu gefrieren, bzw. zu sieden. Die beiden exponierten Punkte „Gefrierpunkt" und „Siedepunkt" werden zur Herstellung einer Skala von 0° bis 100 °Celsius verwendet. Wie die Fahrenheitskala zeigt, kann man Temperaturgrade auch anders definieren. Die jeweiligen Maßzahlen lassen sich jedoch nach bestimmten Regeln ineinander überführen und umrechnen.

Gütekriterien von Tests

1. *Objektivität* bezeichnet die Unabhängigkeit des Ergebnisses von der Person des Messenden. Die Durchführung, Auswertung und Interpretation einer Messung sind standardisiert.

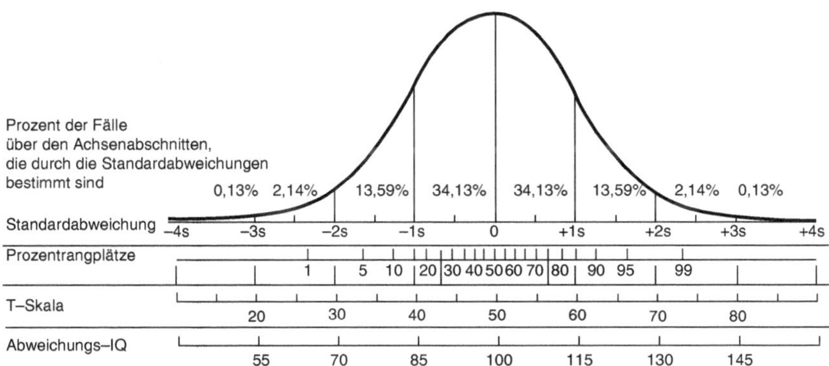

Abb. 4.4 Verschiedene Normskalen und ihr Bezug zur Normverteilung (aus Ingenkamp und Lissmann 2005, S. 66)

2. *Reliabilität* (oder Zuverlässigkeit) bezeichnet die Unabhängigkeit des Messergebnisses vom Zeitpunkt der Messung. Wenn ein und derselbe Gegenstand zu unterschiedlichen Zeiten gemessen wird, sollte sich jeweils dasselbe Ergebnis finden. Voraussetzung ist, dass der Gegenstand selbst sich inzwischen nicht verändert hat.
3. *Validität* (oder Gültigkeit) beschreibt das Ausmaß, mit dem das gemessen wird, was gemessen werden soll. Wenn ein bestimmtes Merkmal X (z. B. „Intelligenz" einer Person) gemessen werden soll, dann sollte das Messinstrument möglichst nur dieses Merkmal erfassen und nicht noch andere (z. B. nicht die „Aufmerksamkeit" der Person).

4.2   Intelligenz als ein Beispiel von Persönlichkeitsmerkmalen

Intelligenztheorien sind in der Psychologie ausführlich mit verschiedenen methodischen Zugängen bearbeitet worden. Im Kern wird mit dem Konstrukt der Intelligenz die Fähigkeit des Menschen bezeichnet, Probleme – vorwiegend intellektuelle – zu lösen. In Anlehnung an Wechsler (1956) wird Intelligenz verstanden als die zusammengesetzte oder globale Fähigkeit des Individuums, zweckvoll zu handeln, vernünftig zu denken und sich mit seiner Umgebung wirkungsvoll auseinanderzusetzen. Myers (2005) fasst verschiedene Definitionen zusammen und meint, Intelligenz sei die „Fähigkeit, aus Erfahrung zu lernen, Probleme zu lösen und

Wissen einzusetzen, um sich an neue Situationen anzupassen" (S. 460). Eine zentrale Frage, mit der sich Wissenschaftlerinnen und Wissenschaftler in diesem Zusammenhang beschäftigen, ist, ob es nützlicher und empirisch brauchbarer ist, die theoretische Konzeption von Intelligenz als einheitliche Fähigkeit oder als ein zusammengesetztes Konstrukt zu fassen (vgl. auch Rost 2013).

Spearman (1863–1945) beispielsweise ging davon aus, dass es einen generellen Faktor *g* geben müsse, der allen intellektuellen Leistungen zugrunde liegt. Dieser Faktor könnte durch spezifische Begabungen ergänzt werden, sodass manche Menschen durch besondere Fähigkeiten in einzelnen Bereichen herausragen. Aber letztlich wäre nach Ansicht Spearmans der g-Faktor die zentrale Größe.

Diese Vorstellung eines einzigen g-Faktors wurde kritisiert von Thurstone (1887–1955), der die Theorie der „Primary Mental Abilities" (Primärfaktoren) entwickelte. Er nahm sieben voneinander unabhängige Faktoren der Intelligenz an (Beschreibung nach Heller 2000, S. 33–36):

1. *Verbal Comprehension* (Sprachverständnis): Damit ist die Fähigkeit zur Erfassung sprachlicher Bedeutungen und Beziehungen sowie der Umgang mit sprachlichen Begriffen gemeint.
2. *Word Fluency* (Wortflüssigkeit): Hierunter wird die Leichtigkeit verstanden, mit der Wortverknüpfungen dargestellt werden können.
3. *Memory* (Merkfähigkeit): Damit ist die Gedächtnisleistung im Kurzzeitgedächtnis gemeint.
4. *Reasoning* (schlussfolgerndes Denken): Damit werden die Fähigkeiten zum logischen Schließen, zum Erkennen von Regeln und zur Anwendung von Regeln und Prinzipien repräsentiert.
5. *Number* (Rechenfertigkeit): Es geht um die Fertigkeit, einfache Rechenoperationen auszuführen.
6. *Space* (räumliches Vorstellungsvermögen): Dieser Primärfaktor wurde in späteren Veröffentlichungen von Thurstone durch den Faktor *Closure* (Fähigkeit zur Gestaltwahrnehmung) ergänzt bzw. differenziert.
7. *Perceptual Speed* (Wahrnehmungstempo): Gemeint ist damit die Fähigkeit, relevante Details aus einer Fülle von irrelevanten Informationen möglichst schnell herauszufiltern.

Ein Intelligenztest, der sich auf die Primärfaktoren von Thurstone bezieht, ist das Leistungsprüfsystem (LPS) von Horn (1967, vgl. Abb. 4.5). Die Aufgaben eines Intelligenztests beschreiben, was die Testautorin/der Testautor in Bezug auf eine bestimmte Intelligenztheorie konkret unter „Intelligenz" versteht. Mit anderen Worten: Sie spiegeln „ihre"/„seine" Definition von Intelligenz wider. Die Defini-

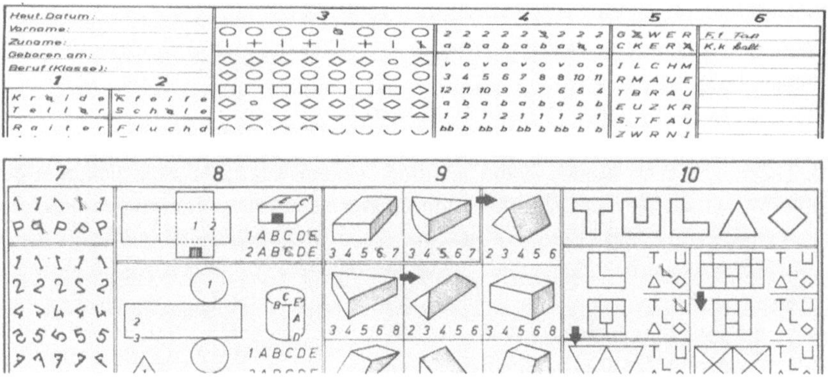

Abb. 4.5 Aufgabenbeispiele aus dem Leistungsprüfsystem (LPS) von Horn (1967)

tion eines hypothetischen Konstruktes (hier „Intelligenz") durch die Art der Messoperation (hier durch den Test) nennt man *operationale Definition.*

Bei den Aufgaben in Spalten 1 und 2 soll das Sprachverständnis überprüft werden, indem die Begriffe zu erkennen und der falsche Buchstabe anzustreichen ist. Bei den Zeichenfolgen in den Aufgaben in Spalten 3 und 4 sind die Konstruktionsregeln zu erkennen, sodass das nicht passende Zeichen identifiziert werden kann. Damit will man das logische Schlussfolgern testen. In den Spalten 5 und 6 sollen Worte schnell erkannt bzw. schnell produziert werden, was als Indikator für die Wortflüssigkeit gilt. Die Aufgaben in Spalten 7 bis 10 erfordern räumliches Vorstellungsvermögen, wenn man falsch gespiegelte Zeichen erkennen, Merkmale von zweidimensionalen Darstellungen in dreidimensionaler Transformation wiederfinden, eingebettete Formen heraus analysieren und Flächen von zweidimensional dargestellten dreidimensionalen Körpern erfassen soll.

Ein deutlich einfacheres Modell hat Cattell (1971) vorgestellt. Er unterscheidet fluide von der kristallinen (oder auch kristallisierten) Intelligenz. Unter fluider Intelligenz versteht er die angeborene Grundfähigkeit, intellektuelle Leistungen zu erbringen, z. B. Unterscheidungen zwischen Konzepten zu treffen, Begriffe zu kategorisieren, Beziehungen zwischen verschiedenen Begriffen herzustellen, Wissen zu organisieren, Information effizient zu verarbeiten. Diese (biologisch angelegte) Grundausstattung bestimmt in wesentlichen Teilen das Lernen und die Entwicklung in der Kindheit. Als kristalline Intelligenz wird die kulturell ausgeformte kognitive Leistungsfähigkeit bezeichnet, auf die die Menschen – z. T. auch als Ergebnis von formalen Bildungserfahrungen – zurückgreifen können, und die sie für die Lösung von Problemen nutzen können. Dazu gehören beispielsweise eine gut organisierte und umfangreiche Wissensbasis und effektive Problemlösestrategien. Die Annahme ist, dass im Verlauf des Lebens zunächst die fluide Intelligenz die kognitive Leistungsfähigkeit entscheidend beeinflusst und mit dem Alter die kristalline Intelligenz an Bedeutung gewinnt (vgl. Klauer und Sparfeldt 2018; Rost 2013).

Moderne Intelligenztheorien gehen von einem Mehrfaktorenmodell aus. Sie kritisieren an dem Modell von Thurstone beispielsweise, dass die Faktoren des Intelligenzmodells recht nahe an traditionellen schulischen Leistungen beschrieben werden. Gardner (1993) hat in seiner Theorie der Multiplen Intelligenzfaktoren verschiedene Fähigkeiten zu „Intelligenzen" erklärt und geht davon aus, dass Menschen in unterschiedlichem Maße damit ausgestattet sein können. Er unterscheidet etwa Linguistische Intelligenz (effektiver Umgang mit Sprache), Logisch-Mathematische Intelligenz (Fähigkeit zum logischen Denken und Umgang mit Zahlen), Räumliches Vorstellungsvermögen (die Fähigkeit, sich Dinge vorzustellen und mental damit zu hantieren), Musikalische Intelligenz, Körperlich-Kinästhetische Intelligenz (z. B. die Fähigkeit zur Bewegungskoordination), Interpersonale Intelligenz (die Fähigkeit, andere besonders gut zu verstehen), Intrapersonale Intelligenz (die Fähigkeit, sich selbst zu verstehen) und Naturalistische Intelligenz (die Fähigkeit, die Natur zu verstehen). Bei dieser Aufstellung ist letztlich kritisch zu hinterfragen, ob der inflationäre Gebrauch des Begriffs „Intelligenz" noch sinnvoll ist. Möglicherweise hat Gardner hier nur eine Liste von besonderen Fähigkeiten zusammengestellt, die in unterschiedlichen Zeiten und Kulturen unterschiedlich wertgeschätzt werden (zur Kritik am Konzept multipler Intelligenzen aus Sicht der Psychologie, vgl. Gruber und Stamouli 2009; Klauer und Sparfeldt 2018; Rost 2008). Die besondere Fähigkeit, intellektuelle Probleme zu lösen (siehe erste Definition von Intelligenz), könnte dann eine davon sein. Ein weiteres Problem mit Gardners Konzept besteht auch darin, dass sich die einzelnen Fähigkeiten nicht empirisch abgrenzen und erfassen lassen.

Sternberg (1984), der ebenfalls grundsätzlich davon ausgeht, dass „Intelligenz" eine zusammengesetzte Fähigkeit ist, hat die Definition auf drei Aspekte begrenzt, die sich auch mit Hilfe von Tests erfassen lassen. Sternberg unterscheidet:

- Die *Analytische Intelligenz* als die Fähigkeit, bekannte Probleme zu lösen, indem man an die einzelnen Bestandteile des Problems systematisch herangeht (z. B.: Vergleichen, Analysieren).
- Die *Kreative Intelligenz* als die Fähigkeit, neue Probleme zu lösen, indem man an das Problem und seine Aspekte auf innovative Art und Weise herangeht (z. B.: Erfinden, Konstruieren).
- Die *Praktische Intelligenz* als die Fähigkeit, vorhandenes Wissen im Alltag effektiv einzusetzen (z. B.: Anwenden, Benutzen).

Sternberg und Kollegen haben Tests entwickelt, die geeignet sein sollen, die speziellen Ausprägungen dieser Aspekte zu erfassen. Sowohl Gardner (1993) als auch Sternberg (1984) betonen, dass die Facetten der Intelligenz in ihrer Zusammensetzung für erfolgreiches Problemlösen erforderlich sind und dass alle genannten Aspekte in ihrer Vielfalt zu schätzen sind.

Vertiefungsempfehlung
Ormrod, J. E. (2011). *Educational psychology: Developing learners* (S. 138–147). Boston: Pearson. („Intelligence").

Methoden-Exkurs: Die quantitative Beschreibung von Zusammenhängen zwischen zwei Merkmalen
Der Zusammenhang zwischen zwei Merkmalen wird empirisch anhand von Messungen bestimmt. Im folgenden Beispiel werden der Gedankengang und das Verfahren illustriert. Ausgangspunkt sei die Forschungsfrage „Besteht ein Zusammenhang zwischen Schulerfolg und Intelligenz?".

Nehmen wir an, die Untersuchung sei an einer Stichprobe von 20 Schülerinnen und Schülern einer gymnasialen Oberstufe einer Gesamtschule durchgeführt worden. Die Stichprobe wurde durch ein Losverfahren ermittelt. Die Schülerinnen und Schüler A bis T haben einen Intelligenztest bearbeitet. Für jeden von ihnen wurde der IQ ermittelt. Als Maß für die Schulleistung wird die Punktzahl in Mathematik im letzten Halbjahreszeugnis verwendet.

Die Urliste der gewonnenen Daten sieht so aus:

Person	A	B	C	D	E	F	G	H	I	J	K	L	M	N
IQ	110	100	110	115	105	95	110	105	120	105	110	105	110	105
Mathe	6	6	12	9	9	3	9	6	15	12	9	9	9	6

Person	O	P	Q	R	S	T
IQ	95	105	115	100	110	120
Mathe	3	12	6	9	12	9

Man sieht, dass man unmittelbar aus einer solchen Urliste nichts über den Zusammenhang der beiden Variablen „IQ" und „Punktzahl in Mathematik" erkennen kann. Dies ändert sich, wenn man die Daten der einzelnen Schülerinnen und Schüler als bivariate Verteilung darstellt. In Abb. 4.6 werden die Daten pro Person als je ein Datenpunkt repräsentiert. Aus dem sich daraus ergebenden Diagramm kann man die Werte-Kombinationen „IQ x Mathe-Punkte" erkennen, die etwas über den

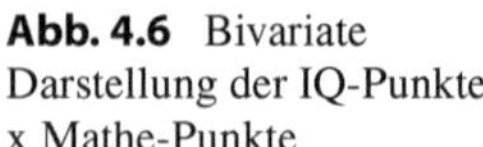

Abb. 4.6 Bivariate
Darstellung der IQ-Punkte
x Mathe-Punkte

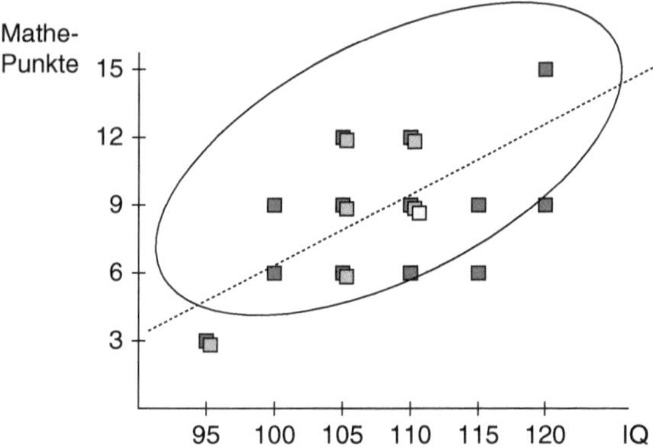

Zusammenhang beider Merkmale aussagen. Die Datenpunkte bilden eine „Punkte-wolke".

Grob erkennt man: Die Schülerinnen und Schüler mit den niedrigsten IQs ha-ben auch niedrige bis mittlere Punktzahlen in Mathematik. Die beiden Personen mit dem höchsten IQ haben dagegen mittlere bis hohe Punktzahlen. Es scheint also ein gewisser Zusammenhang zwischen Intelligenz und Schulleistung zu bestehen. Der technische Begriff für solche quantitativen Zusammenhänge heißt *Korrelation*.

Ein Diagramm, in dem die Messwerte jeder Person als Punkt abgebildet wer-den, nennt man ein Korrelationsdiagramm. Die Form der entstehenden Punkte-wolke beschreibt die Enge bzw. die Weite der Korrelation. Zusätzlich ist die Stei-gung der Punktewolke bedeutsam: Steigt sie an, dann spricht man von einer positiven Korrelation. Das bedeutet: Je höher die Werte des Merkmals X, desto höher sind auch die Werte des Merkmals Y (und umgekehrt). Fällt sie ab, besteht eine negative Korrelation: Je höher die Werte X, desto niedriger sind die Werte des Merkmals Y (vgl. Abb. 4.7). Solche Graphiken sind zwar illustrativ, gleichzeitig aber nicht sehr präzise, schwierig miteinander zu vergleichen und zu interpretieren.

Eine präzise Auskunft über das Ausmaß des Zusammenhanges erhält man durch den Korrelationskoeffizienten r, der den Zusammenhang (die Korrelation) numerisch abbildet. Korrelationskoeffizienten r_{xy} sind Maße des Zusammenhan-ges zwischen zwei Variablen X und Y. Sie bewegen sich im Zahlenbereich von $r = -1.00$ bis $r = 1.00$. Der Wert $r = 1.00$ steht für einen perfekten (je nach Vorzei-chen positiven oder negativen) Zusammenhang; $r = 0.00$ beschreibt einen fehlen-den Zusammenhang. (Üblicherweise wird die Null vor dem Dezimalpunkt nicht geschrieben und meistens werden die Koeffizienten nur zweistellig aufgeführt.)

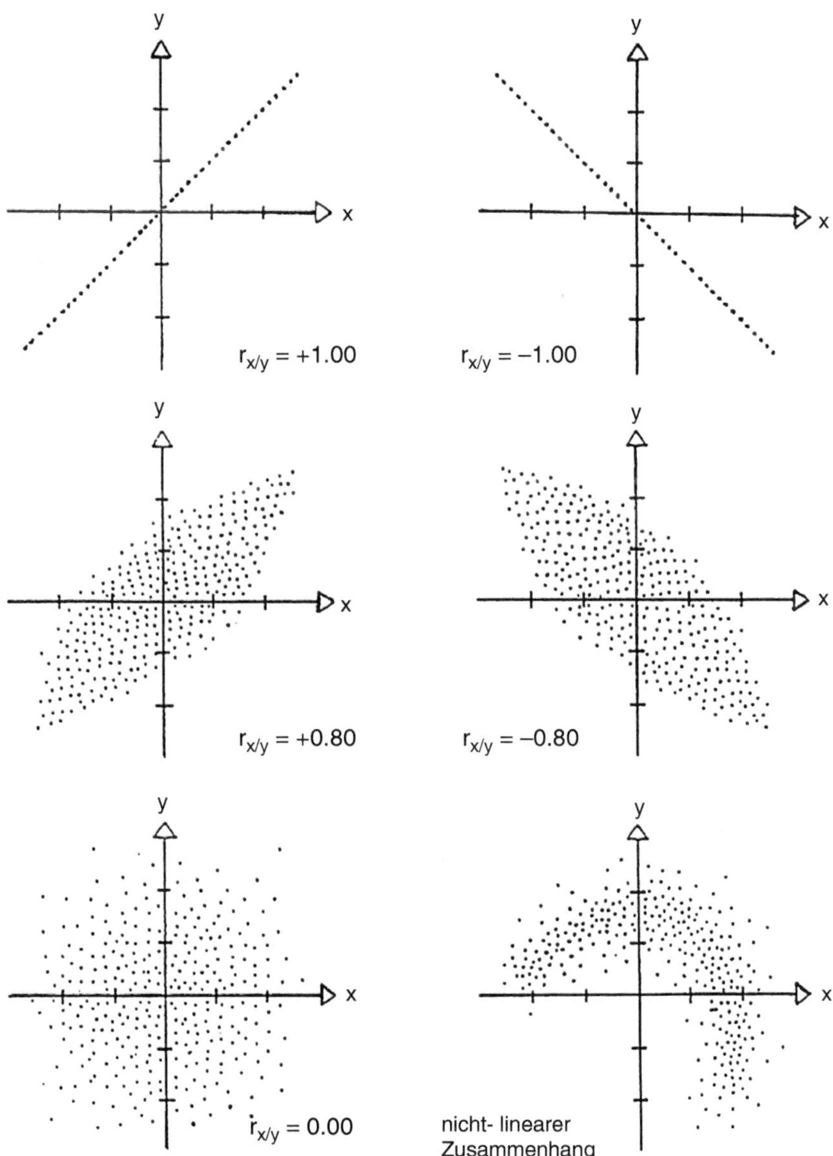

Abb. 4.7   Korrelationsdiagramme (schematisch)

Für die inhaltliche Interpretation von Korrelationskoeffizienten haben sich zur sprachlichen Umschreibung folgende Konventionen herausgebildet:

$r < |.40|$	niedriger Zusammenhang
$r = |.40|$	bis $r = |.70|$ mittlerer Zusammenhang
$r > |.70|$	hoher Zusammenhang

Korrelationen erlauben von sich heraus keinerlei Schlussfolgerungen darüber, warum sie entstanden sind. Sie beschreiben nur, dass ein bestimmter Zusammenhang besteht, nicht aber warum. Möglich sind folgende Zusammenhänge:

X beeinflusst Y:	$X \rightarrow Y$
Y beeinflusst X:	$X \leftarrow Y$
X und Y beeinflussen sich gegenseitig:	$X \leftrightarrow Y$

Beispielsweise kann eine Korrelation zwischen Prüfungsängstlichkeit (X) und Prüfungsleistung (Y) so zustande kommen:

$X \rightarrow Y$	hohe Ängstlichkeit mindert die Leistung
$X \leftarrow Y$	geringe Leistung erhöht die Ängstlichkeit
$X \leftrightarrow Y$	Ängstlichkeit und Leistungsminderung schaukeln sich gegenseitig auf

Es ist auch möglich, dass X und Y von einer dritten Variablen Z beeinflusst werden. Das könnte in diesem Beispiel bedeuten, dass sowohl die geringe Leistung als auch die Ängstlichkeit gleichermaßen von einer (noch) unbekannten, weiteren Variablen (Z) beeinflusst werden.

Bei einer gemeinsamen Abhängigkeit von X und Y von einer Drittvariablen Z ergeben sich rechnerisch Korrelationen, obwohl zwischen X und Y keine Beziehung besteht. In diesem Fall spricht man von einer Scheinkorrelation. Zwei Beispiele von Scheinkorrelationen:

- Erfasst man ein Jahr lang monatlich den Umsatz von verkauftem Speiseeis und die Häufigkeit der Badeunfälle, dann ergibt sich eine positive Korrelation (führt der Verkauf von Speiseeis zu Badeunfällen?).
- Bei Bränden besteht eine hohe positive Korrelation zwischen Anzahl der eingesetzten Feuerwehrleute und der Höhe des Versicherungsschadens (erhöhen die Feuerwehrleute den Versicherungsschaden?).

Also: Vorsicht vor vorschnellen Interpretationen von Korrelationen. Worin der Zusammenhang besteht und wie die Wirkungsweisen sind, muss auf anderem Wege erschlossen bzw. erforscht werden, z. B. über die zeitliche Abfolge von Ereignissen, über weiter gehende Beobachtungen oder über theoretisch begründete Annahmen (siehe Methoden-Exkurs zum Experiment in Kap. 3).

4.3 Zusammenhänge von Persönlichkeitsmerkmalen und Schullaufbahn

Welche Rolle spielen Unterschiede zwischen Schülerinnen und Schülern bei der Schullaufbahnempfehlung? Welche Persönlichkeitsmerkmale zeichnen Kinder aus, die eine Empfehlung von der Grundschule ins Gymnasium erhalten haben? Wer sitzt in den 5. Klassen im Gymnasium? Diejenigen mit den höchsten Kompetenzen im Lesen, Schreiben und Rechnen? Diejenigen, die am ehesten von ihrer Kompetenz überzeugt sind (Arnold et al. 2007)? Die am wenigsten ängstlichen Schülerinnen und Schüler? Wer überspringt eine Schulklasse (vgl. Vock et al. 2014)?

Die IGLU 2007-Studie (Bos et al. 2007) hat untersucht, inwieweit Persönlichkeitsmerkmale jenseits von Schulnoten und Testleistungen der Schülerinnen und Schüler in der 4. Klasse die Schullaufbahnempfehlung der Lehrerinnen und Lehrer beeinflussen. In Tab. 4.1 sind die Zusammenhänge dargestellt, die man zwischen der Schullaufbahnempfehlung durch die Lehrerin oder den Lehrer und den Persönlichkeitsmerkmalen der Schülerinnen und Schüler gefunden hat.

Hier wird ein weiteres Merkmal genannt, nach dem sich Personen voneinander unterscheiden: Das *Selbstkonzept*. Das ist die Vorstellung einer Person über ihre Fähigkeiten und Eigenschaften, eine Art Selbsteinschätzung. Das Selbstkonzept kann sich auf bestimmte Bereiche beziehen (z. B. „In Mathe bin ich gut, aber in Fremdsprachen habe ich Probleme.") oder es kann bereichsübergreifend sein („Ich bin ein Allrounder in der Schule!"). Das Fähigkeitsselbstkonzept beeinflusst die Schulleistungen und umgekehrt beeinflusst die Schulleistung das Fähigkeitsselbstkonzept (vgl. Dickhäuser 2017; Langfeldt 2014, S. 55 ff.; Schöber et al. 2015). Schülerinnen und Schüler können sich trotz guter Leistungen in einem Bereich dafür unbegabt halten oder umgekehrt, sie können trotz schwacher Noten in einem Bereich von sich

Tab. 4.1 Leistungsrelevante Schülermerkmale und Schullaufbahnpräferenz der Lehrkräfte (vgl. Arnold et al. 2007, S. 286)

	Korrelation mit der Schullaufbahnpräferenz der Lehrkräfte
Selbstkonzept Lesen	.40
Akademisches Selbstkonzept	.37
Leistungsangst	−.35
Anstrengungsbereitschaft	.25

glauben, dass sie die Anforderungen meistern könnten, wenn sie wollten, wenn der Lehrer netter wäre oder wie auch immer (vgl. Moschner und Dickhäuser 2018).

Wie kann man die Tab. 4.1 nun lesen? Kann man sagen, dass die Kinder eine Gymnasialempfehlung erhalten, weil sie sich im Lesen viel zutrauen und weil sie wenig prüfungsängstlich sind? – An dieser Stelle sei die Bemerkung nochmals wiederholt, dass eine Korrelation keine Ursache-Wirkungs-Zusammenhänge begründet. Die Daten aus Tab. 4.1 enthalten diese Informationen:

- Je höher das Selbstkonzept „Lesen" der Kinder, desto höher die Schullaufbahnempfehlung.
- Je höher das Akademische Selbstkonzept der Kinder, desto höher die Schullaufbahnempfehlung.
- Je geringer die Leistungsangst der Kinder, desto höher die Schullaufbahnempfehlung.
- Je höher die Anstrengungsbereitschaft der Kinder, desto höher die Schullaufbahnempfehlung.

Was bedeuten diese Befunde für die Einschätzung der Kinder, die Lehrerinnen und Lehrer in der 5. Klasse Gymnasium antreffen?

4.4   Motivation: Die Rolle von Zielen und Attributionen

Motivation ist ein wesentlicher Faktor, der das menschliche Verhalten und Erleben steuert: „Motivation ist ein prozesshaftes Geschehen, in dem Handlungsziele herausgebildet und das Verhalten und Erleben auf diese Ziele ausgerichtet werden" (Stöger und Ziegler 2009, S. 126). Motiviertes Verhalten entsteht durch das Zusammenwirken von Motiven einer Person und den situativen Anreizen. Es muss also gegeben sein, dass ein Inhalt (z. B. Geschichte) oder eine Tätigkeit (z. B. das Arbeiten mit Texten) für eine Person wichtig sind, und dass in der gegebenen Situation eine Zielerreichung im Rahmen der eigenen Fähigkeiten möglich und herausfordernd (die Aufgabe ist nicht zu leicht und nicht zu schwer) scheint. Die Motivation beeinflusst das Lernen und das Verhalten (vgl. Dresel und Lämmle 2011; Ormrod 2011, darin Kap. 11):

1. Motivation richtet das Verhalten auf bestimmte Ziele aus.
2. Motivation führt zu erhöhter Anstrengungsbereitschaft.
3. Motivation führt dazu, dass eine Person mit einer Aufgabe anfängt und dabei bleibt, auch wenn Probleme auftreten (Fehler, Schwierigkeiten) oder sich Alternativen (mit dem Banknachbarn schwätzen; Fußball spielen statt Hausaufgaben machen) bieten.

4. Motivation beeinflusst die Qualität der Denkvorgänge: Bedeutungsvolles Lernen wird möglich, stures Auswendiglernen wird ersetzt durch Verstehen-Wollen.
5. Die Art der Motivation beeinflusst, was die Person als Belohnung oder Verstärkung erlebt (Gute Noten oder die Wahrnehmung des eigenen Könnens).
6. Motivation führt zu einem besseren Lernergebnis (z. B. beim Textverstehen; vgl. Henschel und Schaffner 2014).

In der Motivationsforschung werden drei verschiedene Themen unterschieden: Lern- und Leistungsmotivation, Motivation zum sozialen Anschluss und Motivation durch Macht. Die Lern- und Leistungsmotivation ist in der empirischen Forschung am ausführlichsten untersucht. Wegen der Relevanz für Schule und Unterricht werden im Folgenden einige Ergebnisse dazu vorgestellt. Damit sind die motivationalen Grundbedürfnisse des Menschen jedoch keineswegs erschöpfend behandelt (vgl. Deci und Ryan 2000).

4.4.1 Die Bedeutung von Zielen

In der Motivationsforschung unterscheidet man verschiedene Zielorientierungen:

- *Lernzielorientierung:* Personen mit einer Lernzielorientierung sind in Lern- und Leistungssituationen in erster Linie bestrebt, ihr Wissen und ihre Fähigkeiten zu steigern.
- *Performanzzielorientierung:* Personen mit einer Performanzzielorientierung geht es hingegen vorrangig darum, eine vorteilhafte Beurteilung der eigenen Kompetenz zu erlangen und besser zu sein als die anderen. Dabei kann das Bemühen im Vordergrund stehen, das eigene Können zur Schau zu stellen (Annäherungskomponente) oder es kann das Bemühen im Vordergrund stehen, eigene Fehler und Defizite zu verbergen (Vermeidungskomponente).

Schülerinnen und Schüler verhalten sich unterschiedlich, je nach dem, welche Zielorientierung sie bevorzugen (vgl. Ormrod 2008, S. 424).Die einschlägige Forschung legt nahe, dass bei Lernern grundsätzlich mehrere Zielperspektiven zusammenspielen (Senko et al. 2011). Die Befunde weisen aber auch darauf hin, dass Schülerinnen und Schüler, bei denen die Lernzielorientierung stärker ausgeprägt ist, länger bei der Sache bleiben, und wenn sie auf Schwierigkeiten treffen, variablere Strategien einsetzen, um Probleme zu lösen (Brown 2009; Harackiewicz et al. 2000), und letztendlich bessere Leistungen erzielen (Blackwell et al. 2007; Chen und Pajares 2010). Zudem geht die Lernzielorientierung einher mit einem sog. *Growth Mindset*, d. h., der Überzeugung, dass die kognitive Fähigkeit eine veränderliche Größe ist, die wachsen kann. Das Gegenteil wäre die Überzeugung, dass Menschen mit kognitiven Fähigkeiten ausgestattet sind, an denen sich im Laufe des Lebens kaum etwas ändert, das sog. *Fixed Mindset* (Dweck 2007). *Growth Mindset* begünstigt die Entwicklung einer positiven Einstellung zum Lernen, Anstrengungsbereitschaft und den konstruktiven Umgang mit Herausforderungen.

Die Zielorientierungen sind einerseits relativ überdauernde Merkmale von Personen, andererseits sind sie auch durch die konkrete Lernumgebung beeinflussbar und ändern sich mit der Art und Weise wie Lehrerinnen und Lehrer Lernumgebungen gestalten (Ames 1992; Dickhäuser 2017). Wie können Sie als Lehrerin oder Lehrer die Lernzielorientierung Ihrer Schülerinnen und Schüler in einer konkreten Situation fördern?

1. Sie präsentieren die Lerninhalte so, dass sie für die Schülerinnen und Schüler sinnvoll und interessant erscheinen: Was kann man damit anfangen? Warum sollte man das wissen oder lernen (Canning et al. 2018)?
2. Sie zeigen den Schülerinnen und Schülern, wie sie durch die neu erworbenen Fähigkeiten eigene Ziele erreichen können.
3. Sie legen Wert darauf, dass die Schülerinnen und Schüler den Stoff verstehen, z. B. indem Sie entsprechend anspruchsvolle Aufgaben stellen und darauf verzichten, nur oberflächliches Wissen abzufragen (Joyce et al. 2018).
4. Sie zeigen den Schülerinnen und Schülern individuell, spezifisch und konkret Wege auf, sich zu verbessern. (Nicht: „Dann streng dich halt mehr an!" Sondern: Sie geben einzelnen Schülerinnen und Schülern konkrete Anleitung, wie sie in Ihrem Fach sinnvoll Lernstrategien nutzen.)
5. Sie zeigen den Schülerinnen und Schülern auf, wo sie individuell Fortschritte gemacht haben und wie sie diese erzielt haben (vgl. Spinath 2017).
6. Sie beziehen sich in Ihren Rückmeldungen an die Schülerinnen und Schüler auf veränderbare und beeinflussbare Aspekte (DeBacker et al. 2018) und nicht auf deren Begabung („Du bist halt ein Mathe-Genie!") oder auf Aspekte, die Sie nicht wirklich beobachten konnten („Da hast du so richtig mit Freude gearbeitet!" oder: „Da hast du dir keine Mühe gegeben.").
7. Sie geben den Schülerinnen und Schülern Rückmeldung über den Stand der Zielerreichung, über die Qualität der Lösung und der Vorgehensweise (vgl. Hattie 2012; Wollenschläger et al. 2016).
8. Sie betonen die individuellen Lernfortschritte und verzichten darauf, die Schülerinnen und Schüler miteinander zu vergleichen.
9. Sie unterstützen die Schülerinnen und Schüler darin, für überschaubare Zeiträume konkrete und überprüfbare Ziele zu setzen und anschließend sichtbar zu

machen, was erreicht worden ist, z. B. im Rahmen von Epochalnoten. (Nicht: „Ich will im Aufsatzschreiben in Englisch besser werden." Sondern: „Ich möchte beim Aufsatzschreiben mehr Abwechslung in den Satzbau bringen.")

4.4.2 Attributionen: Entstehung und Effekte

Personen haben die Tendenz, für Erfolge und Misserfolge Erklärungen zu suchen, vor allem dann, wenn diese Ereignisse eher unerwartet auftreten. Stellen Sie sich folgende Situation vor: Sie haben eine Klausur geschrieben und sie bestanden. Sie haben viel dafür gearbeitet und waren sich sicher, den Stoff zu beherrschen. In einem anderen Fach hingegen habe Sie eine Klausur *nicht* bestanden, obwohl Sie ebenfalls viel dafür gearbeitet haben und dachten, dass Sie alles Wesentliche erfasst hätten:

(a) Wie erklären Sie sich das Ergebnis?
(b) In welchem Fach werden Sie beim nächsten Mal mehr arbeiten?
(c) Wird sich die Art und Weise, wie Sie für die Fächer arbeiten, unterscheiden?

Personen schreiben Erfolg oder Misserfolg beispielsweise den eigenen Fähigkeiten zu („Das konnte ich schon immer, das fällt mir leicht." oder: „Das habe ich noch nie gekonnt und werd's auch nie lernen.") oder äußeren Bedingungen („Die Klausur war halt auch sehr schwer!" oder: „Das war ja auch einfach gefragt!"). Diese Ursachenzuschreibungen nennt man Attributionen. Weiner (zitiert nach Stöger und Ziegler 2009) hat ein Schema zur Klassifikation von Ursachen bei Leistungsrückmeldungen entwickelt (vgl. Abb. 4.8).

Die Art, wie Schülerinnen und Schüler Erfolge oder Misserfolge attribuieren, hat einen Einfluss auf das weitere Lern- und Arbeitsverhalten. Wenn z. B. ein Schü-

Lokalisation der Ursache			
		internal	external
Zeitstabilität der Ursache	Stabil	Fähigkeit, Begabung	Aufgabenschwierigkeit
	variabel	Lernverhalten, Anstrengung	Zufall (Glück, Pech)

Abb. 4.8 Attributionsschema nach Weiner (aus: Stöger und Ziegler 2009)

ler einen Erfolg in einer Arbeit der eigenen Anstrengung zuschreibt, wird er mit einer gewissen Wahrscheinlichkeit auch beim nächsten Mal wieder diese Anstrengung zeigen. Schreibt er hingegen den Erfolg dem Glück oder der Aufgabenschwierigkeit zu, wird er wohl für die nächste Lernepisode nicht sehr viel investieren. Macht eine Schülerin für den Misserfolg die fehlende Anstrengung verantwortlich, wird sie sich beim nächsten Mal möglicherweise mehr anstrengen. Macht sie aber für den Misserfolg die fehlende Begabung oder Pech verantwortlich, wird sich ihr Lernverhalten nicht ändern (vgl. auch Dresel und Lämmle 2011; Hattie 2012; Langfeldt 2014). Dabei ist auch wichtig, inwieweit die Lernenden die Ursache für Erfolg und Misserfolg prinzipiell für kontrollierbar halten oder eben glauben, dass sie an ihrer Situation durch eigenes Zutun ohnehin nichts (mehr) ändern können („Erlernte Hilflosigkeit"). Aus der Sicht der psychologischen Forschung wird Motivation als Kompetenz interpretiert, die Schülerinnen und Schüler erlernen können. Teilaspekte davon sind, dass die Schülerinnen und Schüler in der Lage sind, ihre eigenen Fähigkeiten realistisch einzuschätzen, die Anforderungen der Aufgaben zu verstehen, klare langfristige Ziele haben und klare Rahmenbedingungen kennen und ggf. herstellen, unter denen sie effektiv arbeiten können (Spinath 2017). Zusammengenommen bezeichnet Motivationale Kompetenz „ … die Fähigkeit, eigene Präferenzen und Fähigkeiten mit situativen Anforderungen und Anreizen in Übereinstimmung zu bringen" (Spinath 2017, S. 17). Die Förderung günstiger Attributionsgewohnheiten ist dabei ein Schlüsselelement, auf das Lehrerinnen und Lehrer entscheidenden Einfluss haben.

Schülerinnen und Schüler entwickeln über die Zeit ein relativ stabiles Attributionsmuster auf der Basis von Erfahrung in einem Fach („Rechnen war schon in der Grundschule mein Ding!"), aufgrund von situativen Merkmalen (z. B. alle anderen in der Klasse haben in der Arbeit schlechte Leistungen) oder aufgrund von Rückmeldungen von Lehrerinnen und Lehrern („Da hast du diesmal aber Glück gehabt!"). Wie können Sie als Lehrerinnen oder Lehrer produktive Attributionen von Schülerinnen und Schülern fördern?

1. Sie setzen den Schülerinnen und Schülern anspruchsvolle inhaltliche Ziele und machen deutlich, wie sie diese erreichen können (vgl. Wollenschläger et al. 2016). Sie suchen und finden Stärken bei jeder Schülerin und bei jedem Schüler.
2. Sie vermitteln den Schülerinnen und Schülern, dass ihre Lernfortschritte aufgrund von kontrollierbaren Faktoren, wie z. B. der Anstrengung und effektiven Lernstrategien zustande gekommen sind.
3. Sie benutzen Anstrengung als Erklärung für einen Lernerfolg nur dann, wenn Sie dies auch wirklich beobachtet haben.

4. Sie führen den Misserfolg von Schülerinnen und Schülern auf variable und kontrollierbare Faktoren zurück und machen darauf aufmerksam, dass es immer mehr als eine Ursache für Erfolg oder Misserfolg gibt.
5. Wenn Schülerinnen und Schüler trotz offensichtlicher Anstrengung keinen Erfolg haben, führen Sie diesen Umstand auf fehlende effektive Lernstrategien zurück und helfen den Schülerinnen und Schülern, an der Optimierung ihrer Lern- und Arbeitsstrategien zu arbeiten.

Vertiefungsempfehlung
Dresel, M., & Lämmle, L. (2011). Motivation. In T. Götz (Hrsg.), *Emotion, Motivation und selbstreguliertes Lernen* (S. 80–142). Paderborn: Schöningh.
Langfeldt, H.-P. (2014). *Psychologie für die Schule*. Weinheim: Beltz PVU. (Kap. 4: „Motivation"). *Psychologie der Motivation und Emotion*. Göttingen: Hogrefe.
Wilbert, J. (2010). *Förderung der Motivation bei Lernstörungen*. Stuttgart: Kohlhammer.

Theorie und Praxis
Förderung von Motivation durch Rückmeldung
Frau Meister unterrichtet in zwei 6. Klassen Mathematik. Sie nimmt gerade die Konstruktion von Dreiecken durch. Die Schülerinnen und Schüler sollen den Umgang mit dem Zirkel, dem Geodreieck etc. lernen und üben, sauber zu konstruieren. Dabei möchte Frau Meister die Wirkung von unterschiedlichen Formen von Rückmeldung auf die Motivation (hier, um genau zu sein, die Bereitschaft sich anzustrengen, auch wenn es schwer fällt) der Schülerinnen und Schüler überprüfen:

In Klasse 1 erhalten die Schülerinnen und Schüler für eine gelungene Konstruktion einen Smiley-Klebepunkt mit einer Bemerkung wie „Prima!" oder „Gut gemacht!". Frau Meister lächelt die Schülerinnen und Schüler dabei an und nickt ihnen anerkennend zu. Wenn die Kinder Probleme haben oder eine Konstruktion nicht gelingt, hält sich Frau Meister zurück.

In Klasse 2 erhalten die Schülerinnen und Schüler für eine gelungene Konstruktion ebenfalls einen Smiley-Klebepunkt mit einer Bemerkung: „Du arbeitest sehr genau!" oder „Du gibst dir sehr viel Mühe!" oder „Du hast ein

(Fortsetzung)

echtes Talent für Geometrie!" Wenn die Kinder Probleme haben oder eine Konstruktion nicht ordentlich ist, gibt Frau Kleinschmidt diesen Hinweise und Hilfestellungen.

Fragen:
1. Welche motivationspsychologischen Prinzipien versucht die Lehrerin hier in die Praxis umzusetzen?
2. In welcher der beiden Klassen ist es wahrscheinlicher, dass die Schülerinnen und Schüler mehr Spaß an den geometrischen Konstruktionen haben und in derselben Zeit mehr Konstruktionen hinbringen? Begründen Sie Ihre Einschätzung aus der Sicht der Motivationspsychologie.
3. Welche konkreten Verhaltensweisen könnten Sie der Lehrerin aus der Sicht der Motivationspsychologie noch nahelegen, um die Wirkung der Rückmeldungen zu optimieren?

(Lösungshinweise im Anhang)

4.5   Zusammenfassung

Der Ausgangpunkt dieses Kapitels war die Frage, welche Relevanz individuelle Unterschiede zwischen einzelnen Schülerinnen und Schülern für Lernerfolg haben. Dabei interessiert vor allem auch, wie Lehrerinnen und Lehrer diese Unterschiede im Schulalltag bei der Unterrichtsgestaltung berücksichtigen und Schülerinnen und Schüler individuell fördern können. Wie man Unterschiede und Zusammenhänge zwischen psychischen Merkmalen anhand von Tests erfassen kann, wurde am Beispiel der Intelligenz und der Motivation illustriert. Es wurde auch deutlich, dass die Unterschiede zwischen den Schülerinnen und Schülern in den Persönlichkeitsmerkmalen Herausforderungen für Lehrerinnen und Lehrer darstellen, denn die Art und Weise, wie sie mit den Schülerinnen und Schülern arbeiten, die Art der Aufgaben, die sie stellen, die Art, wie sie Erfolg oder Misserfolg zurückmelden, hat einen Einfluss darauf, wie Schülerinnen und Schüler das zukünftige Lernverhalten gestalten. Deutlich wurde auch, dass nicht alle Schülerinnen und Schüler gleich behandelt werden können, sondern Lehrende die individuellen Eigenarten ihrer Schülerinnen und Schüler in ihrem Unterricht berücksichtigen müssen.

Literatur

Ames, C. (1992). Classrooms – goals, structures, and student motivation. *Journal of Educational Psychology, 84*, 261–271.

Arnold, K.-H., Bos, W., Richert, P., & Stubbe, T. C. (2007). Schullaufbahnpräferenzen am Ende der vierten Klassenstufe. In W. Bos, S. Hornberg, K.-H. Arnold, G. Faust, L. Fried, E.-M. Lankes, K. Schwippert, & R. Valtin (Hrsg.), *IGLU 2006. Lesekompetenzen von Grundschulkindern in Deutschland im internationalen Vergleich* (S. 271–297). Münster: Waxmann.

Blackwell, L. S., Trzesieweski, K. H., & Dweck, C. S. (2007). Implicit theories of intelligence predict achievement across adolescent transition: A longitudinal study and an intervention. *Child Development, 78*, 246–263.

Bloom, B. S. (1976). *Human characteristics and school learning.* New York: McGraw-Hill.

Bos, W., Hornberg, S., Arnold, K.-H., Faust, G., Fried, L., Lankes, E.-M., Schwippert, K., & Valtin, R. (Hrsg.). (2007). *IGLU 2006. Lesekompetenzen von Grundschulkindern in Deutschland im internationalen Vergleich.* Münster: Waxmann.

Brown, E. D. (2009). Persistence in the face of academic challenge for economically disadvantaged children. *Journal of Early Childhood Research, 7*, 173–184.

Canning, E. A., Harackiewicz, J. M., Prinski, S. J., Hecht, C. A., Tibbets, Y., & Hyde, J. S. (2018). Improving performance and retention in introductory biology with a utility-value intervention. *Journal of Educational Psychology, 110*, 834–849.

Cattell, R. B. (1971). *Abilities: Their structure, growth, and action.* Boston: Houghton Mifflin.

Chen, J. A., & Pajares, F. (2010). Implicit theories of ability of grade 6 science students: Relations to epistemological beliefs and academic motivation and achievement in science. *Contemporary Educational Psychology, 35*, 75–87.

DeBacker, T. K., Heddy, B. C., Kershen, J. L., Crowson, H. M., Looney, K., & Goldman, J. A. (2018). Effects of a one-shot growth mindset intervention on beliefs about intelligence and achievement goals. *Educational Psychology, 38*, 711–733.

Deci, E. L., & Ryan, R. M. (2000). The ‚what' and ‚why' of goal pursuits: Human needs and the self-determination of behavior. *Psychological Inquiry, 11*, 227–268.

Dickhäuser, O. (2017). „Yes, I can!?" – Entstehung, Auswirkung und Förderung von Fähigkeitsselbstkonzepten. In B. Spinath, O. Dickhäuser, & C. Schöne (Hrsg.), *Psychologie der Motivation und Emotion* (S. 26–38). Göttingen: Hogrefe.

Dresel, M., & Lämmle, L. (2011). Motivation. In T. Götz (Hrsg.), *Emotion, Motivation und selbstreguliertes Lernen* (S. 80–142). Paderborn: Schöningh.

Dweck, C. S. (2007). *Mindset. The new psychology of success.* New York: Ballantine Books.

Gardner, H. (1993). *Multiple intelligences.* New York: BasicBooks.

Gruber, H., & Stamouli, E. (2009). Intelligenz und Vorwissen. In E. Wild & J. Möller (Hrsg.), *Pädagogische Psychologie* (S. 27–47). Heidelberg: Springer.

Harackiewicz, J. M., Barron, K. E., Tauer, J. M., Carter, S. M., & Elliot, A. J. (2000). Short-term and long-term consequences of achievement goals: Predicting interest and performance over time. *Journal of Educational Psychology, 92*, 316–330.

Hattie, J. (2012). *Visible learning for teachers. Maximizing impact on learning.* London: Routledge.

Heller, K. A. (Hrsg.). (2000). *Begabungsdiagnostik in der Schul- und Erziehungsberatung* (2. Aufl.). Bern: Huber.

Helmke, A. (2017). *Unterrichtsqualität und Lehrerprofessionalität. Diagnose, Evaluation und Verbesserung des Unterrichts.* Seelze: Klett-Kallmeyer.

Henschel, S., & Schaffner, E. (2014). Differenzielle Zusammenhänge zwischen Komponenten der Lesemotivation und dem Verständnis literarischer bzw. expositorischer Texte. *Psychologie in Erziehung und Unterricht, 61,* 112–126.

Horn, W. (1967). *L-P-S Leistungsprüfsystem.* Göttingen: Hogrefe.

Ingenkamp, K., & Lissmann, U. (2005). *Lehrbuch der pädagogischen Diagnostik.* Beltz: Weinheim.

Joyce, J., Gitomer, D. H., & Iaconangelo, C. J. (2018). Classroom assignments as measures of teaching quality. *Learning and Instruction, 54,* 48–61.

Klauer, K. J., & Sparfeldt, J. R. (2018). Intelligenz und Begabung. In D. H. Rost, J. R. Sparfeldt, & S. R. Buch (Hrsg.), *Handwörterbuch Pädagogische Psychologie* (S. 278–286). Weinheim: Beltz PVU.

Langfeldt, H.-P. (2014). *Psychologie für die Schule.* Beltz PVU: Weinheim.

Lienert, G. A., & Raatz, U. (1998). *Testaufbau und Testanalyse.* Psychologie Verlags Union: Weinheim.

Moschner, B., & Dickhäuser, O. (2018). Selbstkonzept. In D. H. Rost, J. R. Sparfeldt, & S. R. Buch (Hrsg.), *Handwörterbuch Pädagogische Psychologie* (S. 750–756). Weinheim: Beltz PVU.

Myers, D. G. (2005). *Psychologie.* Heidelberg: Springer.

Ormrod, J. E. (2008). *Educational psychology: Developing learners.* Boston: Pearson.

Ormrod, J. E. (2011). *Educational psychology: Developing learners.* Boston: Pearson.

Rost, D. H. (2008). Multiple Intelligenzen, multiple Irritationen. *Zeitschrift für Pädagogische Psychologie, 22,* 97–112.

Rost, D. H. (2013). *Handbuch Intelligenz.* Beltz PVU: Weinheim.

Schöber, C., Retelsdorf, J., & Köller, O. (2015). Verbales schulisches Selbstkonzept und sprachliche Leistungen in Gruppen mit und ohne Migrationshintergrund. *Psychologie in Erziehung und Unterricht, 62,* 89–105.

Senko, C., Hulleman, C. S., & Harackiewicz, J. M. (2011). Achievement goal theory at the crossroads: Old controversies, current challenges, and new directions. *Educational Psychologist, 46,* 26–47.

Spinath, B. (2017). Motivation als Kompetenz: Kann man lernen, motiviert zu sein? In B. Spinath, O. Dickhäuser, & C. Schöne (Hrsg.), *Psychologie der Motivation und Emotion* (S. 13–25). Göttingen: Hogrefe.

Sternberg, R. J. (1984). Toward a triachic theory of human intelligence. *Behavioral and Brain Sciences, 7,* 269–287.

Stöger, H., & Ziegler, A. (2009). Motivation. In S. Preiser (Hrsg.), *Pädagogische Psychologie* (S. 125–145). München: Juventa.

Vock, M., Penk, C., & Köller, O. (2014). Wer überspringt eine Schulklasse? Befunde zum Klassenüberspringen in Deutschland. *Psychologie in Erziehung und Unterricht, 61,* 153–164.

Wechsler, D. (1956). *Die Messung der Intelligenz Erwachsener.* Bern: Huber.

Wollenschläger, M., Hattie, J., Machts, N., Möller, J., & Harms, U. (2016). What makes rubrics effective in teacher feedback? Transparency in learning goals is not enough. *Contemporary Educational Psychology, 44–45,* 1–11.

Weiterführende Literatur zu diesem Kapitel

Brüll, M., & Preckel, F. (2008). *Intelligenztests*. München: Reinhardt UTB.
Dweck, C. S. (2007). *Mindset. The new psychology of success*. New York: Ballantine Books.
Götz, T. (Hrsg.). (2011). *Emotion, Motivation und selbstreguliertes Lernen*. Paderborn: Schöningh.
Moosbrugger, H., & Kelava, A. (2012). *Testtheorie und Fragebogenkonstruktion*. Berlin: Springer.
Rost, D. H. (2013). *Handbuch Intelligenz*. Weinheim: Beltz PVU.

Wenn Entwicklungen problematisch werden: Verhaltensauffälligkeiten und Lernschwierigkeiten

Zusammenfassung

In diesem Kapitel wird die Problematik normabweichender Entwicklungswege am Beispiel von Verhaltensauffälligkeiten und Lernschwierigkeiten thematisiert. Es werden drei verschiedene Normen zur Beurteilung von Verhalten und Leistung vorgestellt und Definitionen von Verhaltensauffälligkeiten vorgeschlagen. Anhand der Aufmerksamkeitsstörung und der Motivationsförderung werden vertiefende Beispiele durchgesprochen.

Fallbeispiel

Annkatrin – Eine „Problemschülerin"?

Frau M. hat über viele Jahre als Grundschullehrerin Erfahrungen mit Schulanfängern gesammelt und vor allem in den ersten Klassen unterrichtet. Sie weiß, dass viele Kinder mit der Eingewöhnung in die Schule Schwierigkeiten haben und mit der Schulumwelt nicht so zurecht kommen, vor allem, wenn sie nur ganz kurz oder gar nicht im Kindergarten waren. Aber Annkatrins Verhalten macht ihr dann doch Sorgen. Auch nach mehreren Wochen in der Klasse hat sich ihr Verhalten im Vergleich zu den ersten Schultagen nicht geändert. Annkatrin spricht kaum, weder mit ihr als Lehrerin noch mit den anderen Kindern in der Klasse, und zwar auch dann nicht, wenn sie direkt angesprochen wird. Wenn sie wirklich einmal etwas mitteilen möchte, was selten genug vorkommt, tut sie das, indem sie auf das gewünschte Objekt oder die gemeinte Person schaut oder deutet. Es fällt ihr schwer, den

(Fortsetzung)

© Springer-Verlag GmbH Deutschland, ein Teil von Springer Nature 2020
M. Imhof, *Psychologie für Lehramtsstudierende*, Basiswissen Psychologie,
https://doi.org/10.1007/978-3-662-58727-0_5

einfachsten Anweisungen zu folgen. Sie wirkt immer so, als hätte sie gar nicht zugehört oder als könnte sie sich auch einfache Arbeitsaufträge nicht merken. Im Unterricht wirkt sie häufig abwesend und abgelenkt, sie weiß beim Lesen nicht, wo sie ist und im Sachunterricht weiß sie oft gar nicht, was überhaupt Thema ist. In Zeichenstunden und im Werkunterricht arbeitet sie jedoch intensiv. Sie geht geschickt mit Bastelpapier, Wachsmalkreide, Schere und Kleber um und ihre Arbeiten gehören oft zu den kreativsten in der Klasse.

Um Annkatrins Problemen auf die Spur zu kommen, spricht die Lehrerin mit der Mutter. Die Mutter lebt allein und ist allein erziehend. Sie arbeitet als Tagesmutter und hat noch fünf andere Kinder bei sich zu Hause aufgenommen. „Annkatrin spricht zu Hause auch nicht viel", gibt sie zu. „Ich arbeite tagsüber als Tagesmutter und mache nachts gelegentlich noch Nachtdienst im Krankenhaus, um finanziell klar zu kommen. Ich habe nicht so viel Zeit für Annkatrin wie ich mir das wünschen würde, aber sie ist ja auch viel mit meinen Betreuungskindern zusammen. Ihre Brüder und Schwestern – so nenne ich sie – passen aber gut auf sie auf. Sie scheinen immer zu wissen, was sie will und kümmern sich dann darum, dass sie es kriegt."

Frau M. resümiert: „Meine Unterhaltung mit Annkatrins Mutter hat mir nicht wirklich weitergeholfen. Es sieht so aus, als wären die Tageskinder zu Hause die Hauptbezugspersonen für das Mädchen. Die kommen mit ihr wohl gut klar und meinen es gut, wenn sie auf ihre Zeichensprache reagieren, aber sie bringen sie nicht wirklich zum Sprechen. Wenn ich morgen in die Schule gehe, frage ich einmal bei der Schulpsychologin nach, ob man eine Untersuchung anregen kann."

Fragen:
1. Frau M. vermutet, dass Annkatrin ein auffälliges Verhalten zeigt, das psychologische Hilfe erfordert. Wenn es so wäre, was könnten ihre Probleme sein? Formulieren Sie drei Hypothesen darüber, worin Annkatrins Schwierigkeiten bestehen.
2. Bevor die Untersuchung von Annkatrin abgeschlossen sein wird, vergeht ja bestimmt noch etwas Zeit. Was könnte Frau M. in der Zwischenzeit mit Annkatrin tun, um ihr Verhalten und ihren Lernfortschritt in der Klasse zu fördern?

(adaptiert aus Ormrod 2008; Lösungshinweise im Anhang)

5.1   Was sind Verhaltensauffälligkeiten und Lernschwierigkeiten?

Verhaltensauffälligkeiten und Lernschwierigkeiten stellen Lehrerinnen und Lehrer, aber auch Eltern vor besondere Herausforderungen. Die Frage ist allerdings, was genau darunter zu verstehen ist.

Verhaltensnormen und Normabweichungen. Um Auffälligkeiten festzustellen, ist zunächst der Bezugsrahmen zu bestimmen, innerhalb dessen ein Sachverhalt als auffällig bestimmt werden kann. Die Verhaltensäußerungen, die bei Verhaltensschwierigkeiten beobachtbar sind, werden kaum durch ihre Einzigartigkeit auffällig, sondern eher durch die Häufigkeit, die Intensität oder die Situation, in der sie auftreten. Daher muss man eine Leitlinie finden, an der man sich orientieren kann, um zu bestimmen, ob die entsprechenden Verhaltensweisen als von der Norm abweichend bezeichnet werden sollen. In der Psychologie werden drei Normen zur Beurteilung von Abweichungen unterschieden (vgl. Langfeldt 2009).

soziale Norm:	Wie ist das Verhalten eines Kindes im Vergleich zu einer relevanten Bezugsgruppe, z. B. Gleichaltrige, zu beurteilen?
sachorientierte Norm:	Wie ist das Verhalten eines Kindes in Relation zu einem gesetzten Standard zu beurteilen?
individuelle Norm:	Wie ist das Verhalten eines Kindes im individuellen Verlauf zu beurteilen?

Die Feststellung einer Normabweichung allein ist aber noch nicht ausreichend, um Verhaltensauffälligkeiten oder Lernschwierigkeiten festzustellen. Es wird zusätzlich noch zu bewerten sein, ob die Normabweichung noch altersangemessen ist. Wenn ein Kind nicht länger als zehn Minuten bei einer Sache bleiben kann, ist das Problem bei einem Fünfjährigen anders zu bewerten als bei einem Zehnjährigen. Des Weiteren ist zu beachten, ob durch die Normabweichung weitere Funktionen beeinträchtigt werden. Gravierend wird der Fall, wenn eine Person nicht mehr am sozialen Leben teilnehmen oder ihre Aufgaben nicht mehr erfüllen kann. Ebenso erscheint es von Bedeutung, wenn durch die Normabweichung die weitere Entwicklung behindert oder gehemmt wird. So kann es durchaus sein, dass Schülerinnen und Schüler mit nicht extrem hoher Prüfungsängstlichkeit Testsituationen irgendwie bewältigen, dass aber ihre schulische Entwicklung dennoch nachhaltig negativ beeinflusst wird, indem sie durch die Blockaden nie in der Lage sind zu zeigen, was sie wirklich können. Schließlich sind die Belastung und der Leidensdruck, der durch die Normabweichung bei den Betroffenen und deren Umgebung besteht, zu beachten. So kann auch eine geringfügige Abweichung Belastung verursachen und eine Intervention erfordern, und sei es nur, dass man die Eltern oder Lehrkräfte darüber informiert, dass das Verhalten einer Schülerin oder eines Schülers für eine bestimmte Entwicklungsphase erwartbar ist, wie etwa vermehrter Fernsehkonsum bei Jugendlichen.

Verhaltensauffälligkeiten. Aus den oben genannten Normen und Bewertungskriterien lässt sich folgende Definition von Verhaltensauffälligkeiten ableiten: „Von Verhaltensstörungen im Schulalter soll gesprochen werden, wenn soziale und/oder emotionale Verhaltensweisen eines Schülers jenseits von tolerierbaren Abweichungen von idealen, sozialen und funktionalen Bezugsnormen liegen und wenn sie zur Beeinträchtigung des Schülers selbst und/oder seiner sozialen Umwelt führen" (Langfeldt und Tent 1999, S. 219).

In dieser Definition wird die sachorientierte Norm als „ideale" Norm definiert. Man geht dabei davon aus, dass es verbindliche, allgemein akzeptierte Verhaltensnormen gibt (z. B.: Man soll einem gebrechlichen Menschen seinen Sitzplatz im Bus anbieten), die eingehalten werden müssen, damit Menschen miteinander angemessen umgehen können. Die individuelle Norm wird als „funktionale" Norm interpretiert. Hier wird eine Abweichung unter dem Aspekt beurteilt, inwieweit eine Person dadurch an der Teilnahme an den Lebensvollzügen gehindert wird oder inwieweit die weitere Entwicklung beeinträchtigt wird (z. B.: Ein Kind traut sich nicht, auf dem Spielplatz mitzuspielen und verabredet sich daher niemals mit anderen, bleibt lieber zu Hause, meidet Gruppen).

Lernschwierigkeiten. Hier wird als Definition festgehalten: „Von Lernschwierigkeiten spricht man im Allgemeinen, wenn die Leistungen eines Schülers unterhalb der tolerierbaren Abweichungen von verbindlichen institutionellen, sozialen und individuellen Bezugsnormen (Standards, Anforderungen, Erwartungen) liegen, oder wenn das Erreichen (bzw. Verfehlen) von Standards mit Belastungen verbunden ist, die zu unerwünschten Nebenwirkungen im Verhalten, Erleben, oder in der Persönlichkeitsentwicklung des Lernenden führen" (Zielinski 1995, S. 13).

In dieser Definition wird die sachorientierte Norm als institutionelle Norm definiert, weil das Leistungsniveau, das erreicht werden muss, durch die jeweilige Institution festgelegt wird, z. B. wird definiert, was ein eine Schülerin oder ein Schüler leisten muss, um in die nächste Jahrgangsstufe versetzt zu werden oder um in dieser Schule bleiben zu können.

Kinder mit Lernschwierigkeiten haben im Gegensatz zu Kindern ohne Lernschwierigkeiten die folgenden Probleme:

- Sie nutzen Strategien der Informationsaufnahme und Informationsverarbeitung nur unzureichend. Sie handeln wenig planvoll und haben Schwierigkeiten, sich zu steuern und zu kontrollieren.

- Sie sind weniger motiviert, halten sich für unfähig und neigen dazu, Aufgaben zu vermeiden.
- Sie haben ein höheres Risiko, emotionale und soziale Störungen zu entwickeln.
- Sie kommen häufiger aus bildungsfernen Elternhäusern.

5.2   Ein Beispiel für Verhaltensauffälligkeiten: Aufmerksamkeitsstörungen mit oder ohne Hyperaktivität (ADHS)

Lehrerinnen und Lehrer (der Grundschule) berichten, dass Probleme mit der Aufmerksamkeit und Konzentration eine sehr große Bedeutung für die Einschätzung von Verhaltensschwierigkeiten haben, die sie bei Schülerinnen und Schülern wahrnehmen (vgl. Berg et al. 1998). Auch ein Blick in die Presse legt nahe, dass ADHS (*Aufmerksamkeitsdefizit-/Hyperaktivitätsstörung*) ein weit verbreitetes Problem der heutigen Jugend zu sein scheint. Daher lohnt es sich, die Aufmerksamkeitsstörungen näher zu betrachten (vgl. z. B. Frölich et al. 2014; Imhof et al. 2011).

Diagnose von ADHS.   Um Verhaltensschwierigkeiten zu diagnostizieren, wenden Experten Kriterienlisten und Testverfahren an, die auf der Basis von empirischen Arbeiten entwickelt und aktualisiert werden. Das Diagnostische Statistische Manual Psychischer Störungen (DSM) oder das Handbuch der International Classification of Diseases (ICD) sind Beispiele dafür. In Abb. 5.1 sind die Kriterien dargestellt, nach denen im DSM 5 von 2015 Aufmerksamkeitsstörungen beschrieben werden.

Die Überprüfung der Kriterien nimmt eine (Schul-)Psychologin oder ein (Schul-)Psychologe oder eine Kinderärztin bzw. ein Kinderarzt vor. Lehrerinnen und Lehrer unterstützen die Erstellung der Diagnose, indem sie die Kinder systematisch in verschiedenen Situationen beobachten, positive und weniger positive Arbeitsproben sammeln und ihre Beobachtungen beschreibend mitteilen. Lehrerinnen und Lehrer stellen selbst jedoch keine Diagnosen.

Vertiefungsempfehlung
Frölich, J., Döpfner, M., & Banaschewski, T. (2014). *ADHS in Schule und Unterricht.* Stuttgart: Kohlhammer.
Langfeldt, H. -P. (2014). *Psychologie für die Schule.* Weinheim: Beltz PVU. (darin Kap. 7, Verhaltensstörungen).

Diagnostische Kriterien für Aufmerksamkeitsdefizit-/ Hyperaktivitätsstörung

A. Ein durchgehendes Muster von Unaufmerksamkeit und / oder Hyperaktivität-Impulsivität wie unter (1) und / oder (2) beschrieben, welches das Funktionsniveau oder die Entwicklung beeinträchtigt.

1. Unaufmerksamkeit: Sechs (oder mehr) der folgenden Symptome von Unaufmerksamkeit sind während der letzten 6 Monate beständig in einem mit dem Entwicklungsstand des Kindes nicht zu vereinbarenden Ausmaß aufgetreten und wirken sich direkt negativ auf soziale und schulische / berufliche Aktivitäten aus:
Beachte: Die Symptome sind nicht ausschließlich ein Ausdruck von oppositionellem Verhalten, Trotz, Feindseligkeit oder der Unfähigkeit, Aufgaben oder Anweisungen zu verstehen.
…

a. Beachtet häufig Einzelheiten nicht oder macht Flüchtigkeitsfehler bei den Schularbeiten, bei der Arbeit oder bei anderen Tätigkeiten und (z. B.: übersieht Einzelheiten oder lässt sie aus; arbeitet ungenau).

b. Hat oft Schwierigkeiten, längere Zeit die Aufmerksamkeit bei Aufgaben oder Spielen aufrecht zuerhalten (z. B. hat während Unterricht, Vorträgen, Unterhaltungen oder längerem Lesen Schwierigkeiten, konzentriert zu bleiben).

c. Scheint häufig nicht zuzuhören, wenn andere ihn bzw. sie ansprechen (z. B.: scheint mit den Gedanken anderswo zu sein, auch ohne ersichtliche Ablenkungen).

d. Führt häufig Anweisungen anderer nicht vollständig durch und bringt Schularbeiten, andere Arbeiten oder Pflichten am Arbeitsplatz nicht zu Ende (z. B. beginnt mit Aufgaben, verliert jedoch schnell den Fokus und ist leicht abgelenkt).

e. Hat häufig Schwierigkeiten, Aufgaben und Aktivitäten zu organisieren (z. B.: hat Probleme sequentiell aufeinander folgende Aufgaben zu bewältigen; Schwierigkeiten, Materialien und eigene Sachen in Ordnung zu halten; unordentliches, planlos-desorganisiertes Arbeiten; schlechtes Zeitmanagement; hält Termine und Fristen nicht ein).

f. Vermeidet häufig, hat eine Abneigung gegen oder beschäftigt sich nur widerwillig mit Aufgaben, die länger andauernde geistige Anstrengung erfordern (z. B. Mitarbeit im Unterricht oder Hausaufgaben; bei älteren Jugendlichen und Erwachsenen: Ausarbeitung von Berichten, Ausfüllen von Formularen, Bearbeitung längerer Texte).

Abb. 5.1 Diagnostische Kriterien für Aufmerksamkeitsdefizitstörung (Auszug aus: Falkai und Wittchen 2015, S. 77–79)

g.   Verliert häufig Gegenstände, die für bestimmte Aufgaben oder Aktivitäten benötigt werden (z. B. Schulmaterialien, Stifte, Bücher, Werkzeug, Geldbörse, Schlüssel, Arbeitspapiere, Brillen, Mobiltelefone).

h.   Lässt sich oft durch äußere Reize leicht ablenken (bei älteren Jugendlichen und Erwachsenen könnten auch mit der aktuellen Situation nicht in Zusammenhang stehende Gedanken gemeint sein).

i.   Ist bei Alltagtätigkeiten häufig vergesslich und (z. B. bei der Erledigung von häuslichen Pflichten oder Besorgungen; bei älteren Jugendlichen und Erwachsenen umfasst das Vergessen auch Telefonrückrufe zu tätigen, Rechnungen zu bezahlen, Verabredungen einzuhalten).

2.   Hyperaktivität und Impulsivität: Sechs (oder mehr) der folgenden Symptome der Hyperaktivität und Impulsivität sind während der letzten 6 Monate beständig in einem mit dem Entwicklungsstand nicht zu vereinbarenden Ausmaß aufgetreten und wirken sich direkt negativ auf soziale und schulische /berufliche Aktivitäten aus:

Beachte: Die Symptome sind nicht ausschließlich ein Ausdruck von oppositionellem Verhalten, Trotz, Feindseligkeit oder der Unfähigkeit, Aufgaben oder Anweisungen zu verstehen.
…

a.   Zappelt häufig mit Händen und Füßen oder rutscht auf dem Stuhl herum.

b.   Steht oftin Situationen auf, in denen Sitzenbleiben erwartet wird und (z. B.: verlässt eigenen Stuhl im Klassenraum, im Büro oder an anderem Arbeitsplatz oder in anderen Situationen, die erfordern, am Platz zu bleiben).

c.   Läuft häufig herum oder klet tert exzessiv in Situationen, in denen dies unpassend ist (Beachte: bei älteren Jugendlichen und Erwachsenen kann dies auf ein subjektives Unruhegefühl beschränkt bleiben).

d.   Hat häufig Schwierigkeiten, ruhig zu spielen oder sich mit Freizeitaktivitäten ruhig zu beschäftigen.

e.   Ist häufig „auf dem Sprung" oder handelt oftmals, als wäre er bzw. sie „getrieben" (z. B.: kann nicht über eine längere Zeit hinweg an einem Platz bleiben bzw. fühlt sich dabei sehr unwohl, z. B. in Restaurants, bei Besprechungen; dies kann von anderen als Ruhelosigkeit oder als Schwierigkeit erlebt werden, mit dem Betreffenden Schritt zu halten).

Abb. 5.1   (Fortsetzung)

f. Redet häufig übermäßig viel.

g. Platzt häufig mit Antworten heraus, bevor die Frage zu Ende gestellt ist (z. B.: beendet die Sätze anderer; kann in Unterhaltungen nicht abwarten, bis er bzw.sie mit Reden an der Reihe ist).

h. Kann häufig nur schwer warten, bis er und bzw. sie an der Reihe ist (z. B. beim Warten in einer Schlange).

i. Unterbricht oder stört andere häufig (z. B.: platzt in Gespräche,Spiele oder andere und Aktivitäten hinein; benutzt die Dinge anderer Personen ohne vorher zu fragen oder ohne Erlaubnis; bei älteren Jugendlichen und Erwachsenen: unterbricht oder übernimmt Aktivitäten anderer).

B. Mehrere Symptome der Unaufmerksamkeit oder der Hyperaktivität-Impulsivität treten bereits vor dem Alter von 12 Jahren auf.

C. Mehrere Symptome der Unaufmerksamkeit oder der Hyperaktivität-Impulsivität bestehen in zwei oder mehr verschiedenen Lebensbereichen (z. B. zu Hause, in der Schule oder bei der Arbeit; mit Freunden oder Verwandten; bei anderen Aktivitäten).

D. Es sind deutliche Hinweise dafür vorhanden, dass sich die Symptome störend auf die Qualität des sozialen, schulischen oder beruflichen Funktionsniveaus auswirken oder dieses reduzieren.

E. Die Symptome können nicht durch eine andere psychische Störung besser erklärt werden.

Abb. 5.1   (Fortsetzung)

ADHS behandeln und Aufmerksamkeitsfunktionen fördern. Aus einzelnen Untersuchungen und Forschungsbefunden lassen sich selten genaue Anweisungen ableiten, wie Lehrerinnen und Lehrer die Entwicklung und das Lernen in der Schule bei Kindern mit ADHS (und anderen Lernschwierigkeiten bzw. Verhaltensauffälligkeiten) fördern können. Erst eine Prüfung der Befunde und eine Zusammenschau der Forschungsarbeiten bieten eine mögliche Entscheidungsgrundlage (vgl. für ADHS z. B. Frölich et al. 2014; Imhof et al. 2011; Naumann 2005; Zentall 2005).

Im Falle von Kindern mit Aufmerksamkeitsstörungen bietet sich für Sie als Lehrerin oder Lehrer Folgendes an (vgl. auch: Frölich et al. 2014; Lauth und Naumann 2009):

- Passen Sie das Arbeitspensum und die Arbeitsumgebung an die Bedürfnisse der Schülerin/des Schülers mit Aufmerksamkeitsstörungen an.
- Vermitteln Sie den Schülerinnen und Schülern mit Aufmerksamkeitsstörungen Strategien zur Kontrolle und Steuerung der Aufmerksamkeit.

- Unterstützen Sie die Schülerinnen und Schüler mit Aufmerksamkeitsstörungen dabei, sich Strategien zu erarbeiten, die helfen, sich selbst zu organisieren, Zeit einzuteilen, u. ä.
- Schaffen Sie Bewegungsmöglichkeiten.
- Besprechen Sie mit den Schülerinnen und Schülern explizit angemessenes Verhalten und verstärken Sie erwünschtes Verhalten unmittelbar, wenn es auftritt.
- Vermeiden Sie es, unerwünschtes Verhalten zu bestrafen.

Darüber hinaus ist es oft erforderlich, spezielle Trainings zur Förderung von Kindern mit Aufmerksamkeitsstörungen durchzuführen. Diese finden außerhalb des Unterrichts in therapeutischen Institutionen statt (vgl. z. B. Langfeldt und Büttner 2009).

5.3   Ein Beispiel für Lernschwierigkeiten: Förderung eines positiven Attributionsstils

Schülerinnen und Schüler mit Lernschwierigkeiten zeigen oft ein ungünstiges Muster bei der Attribution von Erfolg und Misserfolg (siehe Abschn. 4.4). Schülerinnen und Schüler mit einem für den Selbstwert günstigen Attributionsmuster erklären sich Erfolge internal („Ich habe mich angestrengt!") und Misserfolge eher external („Das war aber auch eine fies gestellte Arbeit!"). In der Konsequenz ist zu beobachten, dass das Selbstvertrauen in die eigene Leistung und auch die Anstrengungsbereitschaft steigen. Anders dagegen bei Kindern, die eher am Misserfolg orientiert sind. Sie neigen dazu, Erfolge external zu erklären („Das war Zufall!") und Misserfolge auf internale Faktoren zurückzuführen („Dafür habe ich keine Begabung!"). Damit nehmen das Selbstvertrauen in die eigene Leistung und die Bereitschaft, sich anzustrengen, tendenziell ab. Als Folge dieses ungünstigen Attributionsstils stellen sich weitere ungünstige Faktoren ein. Die Lernmotivation insgesamt sinkt ab, das Selbstkonzept der eigenen Begabung wird geschädigt und auch das Zielsetzungsverhalten wird beeinträchtigt, denn die Schülerinnen und Schüler setzen sich zu niedrige, zu hohe oder gar keine Ziele.

In sogenannten Re-Attributionstrainings lernen die Schülerinnen und Schüler, Ursachenerklärungen für Erfolge und Misserfolge aufzubauen, die lernförderlich sind. So soll die Lernmotivation, also die Bereitschaft der Schülerinnen und Schüler sich anzustrengen und Zeit in das Lernen zu investieren, gefördert werden (vgl. Dresel und Ziegler 2006). Es wird erwartet, dass diese Maßnahmen geeignet sind, längerfristig auch die Leistungsergebnisse zu verbessern. In einer diagnostischen Phase wird zunächst bestimmt, wie sich eine Schülerin oder ein Schüler Erfolge und Misserfolge erklärt. Dies kann anhand spontaner Äußerungen, explorierender Gespräche und/oder standardisierter Fragebögen erfasst werden. Außerdem muss betrachtet werden, ob weitere Symptome vorliegen, die mit z. B. Erlernter Hilflosigkeit (Symptome: fehlende Mitarbeit, geringe Ausdauer, schnelles Aufgeben und Lernunlust) in Verbindung stehen könnten. Ebenso prüft die Expertin oder der Experte, ob zu erwarten ist, dass die betroffene Person aufgrund ihrer kognitiven Fähigkeiten eine höhere Leistung erbringen könnte, als sie es zur fraglichen Zeit tut. In der Trainings-Phase arbeitet die Lehrerin oder der Lehrer mit verschiedenen Techniken (vgl. Grünke und Castello 2014):

- Modellierungstechniken: Ein Modell, z. B. die Lehrerin oder der Lehrer selbst, Eltern, oder andere Personen mit Vorbildfunktion verbalisieren stellvertretend konstruktive und förderliche Ursachenzuschreibungen. Sie berichten von eigenen Erfahrungen mit Erfolg und Misserfolg. Ein Beispiel sind Äußerungen von Profi-Fußballern nach Niederlagen, denn diese sind oft recht gut darin geschult, externale und variable Faktoren für Niederlagen verantwortlich zu machen. Ähnlich können auch andere persönliche Berichte zeigen, wie es gelungen ist, Herausforderungen zu meistern und Fehlschläge zu überwinden.
- Kommentierungstechniken: Die Lehrerin/der Lehrer äußert mündliche oder schriftliche Kommentare, die der Schülerin/dem Schüler nahelegen, Erfolge internal, durchschnittliche Ergebnisse teils internal, teils external und Misserfolge grundsätzlich variabel zu erklären.

Im Falle eines Erfolges, bzw. bei einem Schritt in die richtige Richtung, hilft die Lehrerin oder der Lehrer der Schülerin bzw. dem Schüler, den Fortschritt und die Ursache dafür zu erkennen, z. B. indem sie/er gezielt fragt, woran es lag, dass etwas gut gelungen ist und die Schülerin bzw. den Schüler darin bestärkt. Die Lehrerin/Der Lehrer lässt die Schülerin/den Schüler die Ursache selbst erschließen und verstärkt das entsprechende Verhalten. In der Phase der Wirksamkeitskontrolle von Re-Attributionstrainings wird die Erhebung zum Attributionsstil erneut durchgeführt und es werden andere beobachtbare Indikatoren betrachtet, z. B. Mitarbeit der Schülerin/des Schülers, Ausdauer bei der Bearbeitung von einzelnen Aufgaben. Insgesamt weisen die Befunde verschiedener Studien darauf hin, dass direkte Verfahren (also: offen ansprechen, dass man einen Erfolg oder einen Fortschritt beobachtet hat, und Schülerinnen und Schüler direkt auf die Attribution des beobachteten Erfolgs ansprechen) bei der Förderung von günstigen Attributionen wirksamer sind als indirekte (also: die Schülerinnen und Schüler „von selbst" darauf kommen lassen, wie sie einen Erfolg einordnen könnten), dass Trainings in kleinen Gruppen wirksamer sind als in größeren Gruppen und dass es günstig ist, ein Attributionstraining mit einem Training in Lernstrategien zu verbinden (vgl. Grünke und Castello 2014). Diese Form der Intervention bedarf der Unterstützung einer Expertin oder eines Experten, z. B. aus der schulpsychologischen Beratungsstelle.

Vertiefungsempfehlung
Spinath, B., Dickhäuser, O. & Schöne, C. (Hrsg.). (2017). *Psychologie der Motivation und Emotion.* Göttingen: Hogrefe.
Wilbert, J. (2010). *Förderung der Motivation bei Lernstörungen.* Stuttgart: Kohlhammer.

Theorie und Praxis
Förderung von günstigen Attributionen
Eine Praktikantin hat im Rahmen einer Unterrichtsbeobachtung die folgenden Aufzeichnungen gemacht: „Als ich nach der Stunde bei Herrn Kleinschmidt mit ihm über einzelne Schüler sprach, wirkte er irgendwie bedrückt. Als ich genauer nachfragte, sagte er, dass er Probleme habe, an einen seiner Schüler heranzukommen. Sein Problemschüler war Jonas, ein Junge, dessen Familie gerade erst in die Gegend gezogen war. Jonas hatte mit den meisten Aufgaben Probleme, aber Herr Kleinschmidt glaubte, dass dies alles mit dessen schwacher Lesekompetenz zu tun habe. Herr Kleinschmidt meinte, sein Verdacht sei bestätigt worden, als er mit dem Schulpsychologen sprach. Dieser teilte ihm mit, dass bei Jonas an seiner vorherigen Schule eine Lernstörung festgestellt worden sei, aber dass Tests nichts weiter aufzeigten als schwache Kompetenzen im Leseverständnis. Herr Kleinschmidt hatte am Vormittag mit Jonas gesprochen. Dieser hatte ihm erzählt, dass er einfach nur ein visueller Lerntyp sei und dass er bei Tätigkeiten, die von ihm Lese- oder Schreibkompetenzen abverlangten, nie erfolgreich sei.
Herr Kleinschmidt fand, dass Jonas Haltung selbstabwertend sei und er war entschlossen, etwas dagegen zu tun. Nachdem er mit Jonas gesprochen hatte, war er sicher, dass Jonas die Fähigkeiten besaß, die Aufgaben zu erledigen. Er nahm sich vor, mit ihm zusammen zu arbeiten, bis sich eine Verbesserung zeigen würde. Er beschloss, während der Schulpausen damit anzufangen, mit Jonas zu arbeiten, um dessen Leseverständnis zu verbessern. Ich stimmte zu und sagte ihm, dass das eine gute Idee sei. Ich schlug ihm vor, sich vorher noch mit den anderen Lehrern und Lehrerinnen der Klasse und mit Jonas'

(Fortsetzung)

Eltern abzusprechen. Ich sagte Herrn Kleinschmidt, dass es für Jonas wichtig wäre, selbst Fortschritte in seinen Lesefähigkeiten erkennen zu können. Ich schlug ihm, Herrn Kleinschmidt, daher vor, ein Aufzeichnungssystem zu entwickeln, das sowohl er als auch Jonas benutzen könnten, um seine Fortschritte festzuhalten. Schließlich sollte Jonas lernen, sich für seine Verbesserung selbst Ziele zu setzen und er sollte lernen, seine Fortschritte zu verfolgen."

Fragen:
1. Was sind die Merkmale von Jonas' Attributionsmuster?
2. Wie könnten die Reaktionen des Lehrers auf Jonas' Leistungen die Attributionen des Schülers positiv beeinflussen?
3. Welche Maßnahmen zur Förderung der Motivation des Schülers könnte die Praktikantin aus Sicht der Motivationspsychologie noch vorschlagen?

(Lösungshinweise im Anhang)

5.4   Zusammenfassung

Abweichende Entwicklungen im Verhalten und im Lernen werden nach drei verschiedenen Normen beurteilt. Stellen Lehrkräfte aufgrund dieser Normen und weiterer Bewertungskriterien fest, dass ein besonderer Schweregrad der Lern- oder Verhaltensschwierigkeiten vorliegen könnte, so ist eine professionelle Diagnose, z. B. vom schulpsychologischen Beratungsdienst, zu erstellen – auch mit der Unterstützung der Lehrerinnen und Lehrer. Je nach Ergebnis der Diagnose wird entsprechend eine spezifische Intervention geplant und in aller Regel in therapeutischen oder Beratungsinstitutionen durchgeführt. Lehrerinnen und Lehrer unterstützen die Schülerinnen und Schüler mit pädagogischen Interventionen. Dabei ist es wünschenswert, dass sogenannte evidenzbasierte, also auf empirischer Basis beruhende, Maßnahmen eingesetzt werden, dass diese Maßnahmen kompetent eingesetzt und in ihrem Erfolg überprüft werden.

Literatur

Berg, D., Imhof, M., Kollera, S., Schmidt, U., & Ulber, D. (1998). Häufigkeiten von Verhaltensauffälligkeiten in der Grundschule aus der Sicht der Klassenlehrer. *Psychologie in Erziehung und Unterricht, 45,* 280–290.

Dresel, M., & Ziegler, A. (2006). Langfristige Förderung von Fähigkeitsselbstkonzept und impliziter Fähigkeitstheorie durch computerbasiertes attributionales Feedback. *Zeitschrift für Pädagogische Psychologie, 20,* 49–63.

Falkai, P., & Wittchen, H.-U. (2015). *Diagnostisches und Statistisches Manual psychischer Störungen DSM-5.* Göttingen: Hogrefe.

Frölich, J., Döpfner, M., & Banaschewski, T. (2014). *ADHS in Schule und Unterricht.* Stuttgart: Kohlhammer.

Grünke, M., & Castello, A. (2014). Attributionstraining. In G. W. Lauth, M. Grünke, & J. C. Brunstein (Hrsg.), *Interventionen bei Lernstörungen* (S. 484–492). Göttingen: Hogrefe.

Imhof, M., Skrodzki, K., & Urzinger, M. (2011). *Aufmerksamkeitsgestörte, hyperaktive Kinder und Jugendliche im Unterricht.* Donauwörth: Auer.

Langfeldt, H.-P. (2009). Lern- und Verhaltensschwierigkeiten in der Schule. In S. Preiser (Hrsg.), *Pädagogische Psychologie* (S. 343–362). München: Juventa.

Langfeldt, H.-P., & Büttner, G. (Hrsg.). (2009). *Trainingsprogramme zur Förderung von Kindern und Jugendlichen.* Weinheim: Beltz PVU.

Langfeldt, H.-P., & Tent, L. (1999). *Pädagogisch-psychologische Diagnostik. Band 2: Anwendungsbereiche und Praxisfelder.* Göttingen: Hogrefe.

Lauth, G. W., & Naumann, K. (2009). *ADHS in der Schule. Übungsprogramm für Lehrer.* Weinheim: Beltz PVU.

Naumann, K. (2005). Aufmerksamkeitsdefizit-/Hyperaktivitätsstörungen – Erscheinungsbild und schulzentrierte Fördermöglichkeiten. In G. Büttner, F. Sauter, & W. Schneider (Hrsg.), *Empirische Schul- und Unterrichtsforschung: Beiträge aus Pädagogischer Psychologie, Erziehungswissenschaft und Fachdidaktik.* Pabst: Lengerich.

Ormrod, J. E. (2008). *Educational psychology: Developing learners.* Boston: Pearson.

Zentall, S. S. (2005). Theory- and evidence-based strategies for children with attentional problems. *Psychology in the Schools, 42,* 821–836.

Zielinski, W. (1995). *Lernschwierigkeiten.* Stuttgart: Kohlhammer.

Weiterführende Literatur zu diesem Kapitel

Frölich, J., Döpfner, M., & Banaschewski, T. (2014). *ADHS in Schule und Unterricht.* Stuttgart: Kohlhammer.

Imhof, M., Skrodzki, K., & Urzinger, M. (2011). *Aufmerksamkeitsgestörte, hyperaktive Kinder und Jugendliche im Unterricht.* Donauwörth: Auer.

Lauth, G. W., & Naumann, K. (2009). *ADHS in der Schule. Übungsprogramm für Lehrer.* Weinheim: Beltz PVU.

Lauth, G. W., Grünke, M., & Brunstein, J. C. (Hrsg.). (2014). *Interventionen bei Lernstörungen.* Göttingen: Hogrefe.

Wilbert, J. (2010). *Förderung der Motivation bei Lernstörungen.* Stuttgart: Kohlhammer.

Zentall, S. S. (2005). Theory- and evidence-based strategies for children with attentional problems. *Psychology in the Schools, 42,* 821–836.

Zusammenfassung

Menschen leben in einem sozialen Umfeld und handeln in sozialen Beziehungen. Selbst wenn sie alleine sind, lassen sie sich in ihren Gedanken und Handlungen von anderen Personen beeinflussen. Sie entwickeln (Vor-)Urteile und verhalten sich im Einklang mit Gruppennormen. In diesem Kapitel erhalten Sie einen kurzen Überblick über die Themen der Sozialpsychologie. Als Schwerpunkt wird auf kooperative Unterrichtsmethoden als Ansatz zur Reduktion von Vorurteilen eingegangen und dabei das Feldexperiment als Forschungsmethode an einem Beispiel demonstriert.

Fallbeispiel

Keiner mag Heiner

Im Sportunterricht soll heute Fußball gespielt werden. Der Lehrer lässt die beiden besten Fußballer Teams wählen. Abwechselnd werden Schülernamen aufgerufen. Heiner sitzt mit hängendem Kopf auf der Langbank und weiß, dass er wieder als letzter drankommt und dann zu der Mannschaft gehen muss, die keine Möglichkeit hat, ihn nicht zu nehmen. Als das Spiel beginnt, sagt der Mannschaftsführer Martin: „Heiner, du kannst ja die Eckfahne spielen – aber laufe uns so wenig wie möglich im Weg rum!" Der Lehrer hat die Bemerkung gehört und reagiert: „Martin, sowas sagt man nicht, so wollen wir nicht miteinander umgehen! So, und jetzt los, wir losen noch die Seiten aus und dann Anpfiff!" Martin feixt seinem Mitspieler Konrad zu und formt das Wort „Eckfahne!" – aber das sieht der Lehrer schon nicht mehr.

(Fortsetzung)

© Springer-Verlag GmbH Deutschland, ein Teil von Springer Nature 2020   113
M. Imhof, *Psychologie für Lehramtsstudierende*, Basiswissen Psychologie,
https://doi.org/10.1007/978-3-662-58727-0_6

Nach der Sportstunde gehen die Schülerinnen und Schüler zurück in ihre Klasse. Der Lateinunterricht kann sie nicht wirklich begeistern. Heiner sitzt in der ersten Reihe und hat seine Lateinsachen schon auf dem Tisch. Martin, der Mannschaftsführer aus der Fußballstunde, muss an Heiners Tisch vorbei an seinen Platz. Dabei räumt er „wie zufällig" mit dem Arm Heiners Sachen auf den Boden. Konrad, der mit Martin ins Klassenzimmer kommende Mitschüler, sieht, dass Martin nicht alles erwischt hat, und wirft auch noch das Mäppchen von Heiner auf den Boden. Als der Lateinlehrer in die Klasse kommt, sieht er Heiners Sachen auf dem Boden verstreut und muss darüber hinweg steigen. Er spricht Heiner an: „Sag mal, wie gehst du denn mit deinen Sachen um! Jetzt räum doch bitte mal ganz schnell auf hier!" Heiner will noch eine Antwort geben, aber Martin und Konrad geben ihm ein Zeichen, dass er das lieber nicht machen soll. In der anschließenden Lateinstunde, was an sich Heiners Lieblingsfach ist, wird Heiner nach einer Vokabel gefragt. Er kann keine Antwort geben, weil er gerade noch darüber nachdenkt, wie Martin und Konrad mit seinen Sachen umgegangen sind und dass seine Mutter wohl schimpfen wird, wenn sie sieht, wie das Lateinbuch aussieht. Der Lehrer mahnt Heiner: „Wenn du nicht mal die einfachsten Dinge weißt, sehe ich nicht, wie du in Latein deine gute Note halten willst! Vielleicht solltest du mal deine Einstellungen und dein Verhalten in der letzten Zeit überdenken!"

Fragen:
1. Welchen Einfluss hat die Gruppe auf das Verhalten und Erleben des Schülers Heiner?
2. Welche Aspekte des Lehrerverhaltens begünstigen oder verstärken die unpassende soziale Interaktion in der Klasse?

(Lösungshinweise im Anhang.)

6.1 Themen der Sozialpsychologie: Der Mensch im sozialen Kontext

Sozialpsychologie ist das Teilgebiet der Psychologie, das „untersucht, auf welche Art und Weise menschliches Denken, Fühlen und Verhalten von der realen oder vorgestellten Gegenwart anderer Menschen beeinflusst wird" (Aronson et al. 2004, S. 26). Wenn man das Thema der Sozialpsychologie „Der Mensch im sozialen

Kontext" konkretisieren möchte, ergeben sich folgende Teilthemen, zu denen einige Beispiele genannt werden:

Soziale Kognition: In welcher Weise beeinflusst die Gruppe die Wahrnehmung und das Verhalten einzelner?

- Eindrucksbildung: Wie entstehen (Feind)Bilder und Vorurteile zwischen Gruppen? Wie entstehen Stereotype? Worauf gründet sich der sogenannte „erste Eindruck", den Menschen von anderen gewinnen?
- Beeinflussung und Überzeugung: Welchen Einfluss hat die Meinung einer Mehrheit (oder Minderheit) auf die Meinung eines Individuums? Unter welchen Bedingungen hat die Meinung anderer einen Einfluss auf das Individuum (vgl. Schwarz et al. 2004)?
- Hilfeverhalten und Aggressivität: Welche Faktoren haben einen Einfluss darauf, ob Menschen in Situationen, in denen Hilfe benötigt wird, helfen oder nicht (vgl. Oortwijn et al. 2008)? Welche Bedingungen begünstigen aggressive Verhaltensweisen gegenüber anderen?
- Gruppenprozesse: Ist eine Schulklasse eine Gruppe? Welche Interaktionen finden in der Schulklasse statt? Wie entstehen Gruppen und Gruppenstrukturen? Welche Effekte haben Gruppen auf das Verhalten Einzelner (vgl. König 2009)? Welche Rolle spielen Klassenzusammensetzung und Klassenführung für das Lernen (Kunter und Trautwein 2017; van Ewijk und Sleegers 2010)?

Soziale Interaktion: Wie beeinflussen Einzelne das Verhalten einer Gruppe?

- Führungsstil und Erleben und Verhalten der Gruppe: Mit welchen Formen der Klassenführung beeinflussen Lehrerinnen und Lehrer die Leistungsentwicklung der Schülerinnen und Schüler positiv (vgl. Muhonen et al. 2018)? Wie hängen Merkmale des Klassenmanagements durch die Lehrerinnen und Lehrer mit der Selbstregulation und dem Lernerfolg der Schülerinnen und Schüler zusammen (van Beek et al. 2014)?
- Ausübung von Macht und Kontrolle: Unter welchen Bedingungen verhalten sich Individuen konform? Wie entstehen Regeln und Normen? Wie entstehen Störungen im Unterrichtsverlauf bzw. wie lassen sie sich vermeiden (vgl. Makarova et al. 2014)?
- Erziehung: Welche Wirkungen sind mit unterschiedlichen Formen des Lehrerverhaltens auf der Seite der Schülerinnen und Schüler verbunden (vgl. z. B. Kunter et al. 2007)? Wie können Lehrerinnen und Lehrer das Klassenklima gestalten (vgl. Grewe 2007) und darauf achten, dass soziale Kompetenzen im Unterricht gefördert werden (vgl. Drössler et al. 2007)?

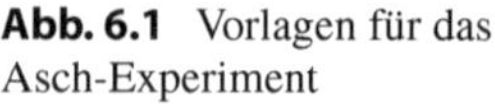

Abb. 6.1 Vorlagen für das Asch-Experiment

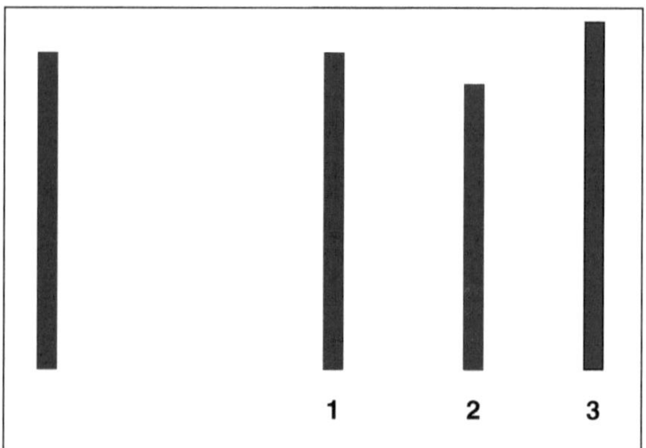

- Kommunikation: Auf welche Weise verständigen sich Menschen untereinander? Welche Rolle spielen bei der Kommunikation sprachliche und nicht-sprachliche Signale? Welchen Einfluss haben Merkmale des Kommunikationsverhaltens von Lehrerinnen und Lehrern auf die psychische Entwicklung der Schülerinnen und Schüler (Gröschner et al. 2018)?

Konformes Verhalten. Ein klassisches Experiment zu der Frage, ob Menschen in Gruppen dazu tendieren, sich der Gruppenmeinung anzuschließen, wurde von Solomon Asch (1956) durchgeführt. Einer Reihe von Personen wurden drei Linien neben einer Referenzlinie mit der Aufforderung präsentiert, zu entscheiden, welche Linie gleich lang wie die Referenzlinie war (vgl. Abb. 6.1). Die „falschen" Linien unterschieden sich in jedem Durchgang deutlich von der Referenzlinie. Bei diesem scheinbar als Wahrnehmungsexperiment angelegten Experiment ging es tatsächlich darum, zu prüfen, ob Personen sich vom Urteil anderer Versuchsteilnehmer beeinflussen lassen. Da außer einer echten Versuchsperson alle Anwesenden Vertraute des Versuchsleiters waren, konnte deren Antwortverhalten planmäßig variiert werden. Insgesamt wurden die Strichlängen in 18 Durchgängen geschätzt. Die Vertrauten des Versuchsleiters waren angewiesen worden, während der ersten sechs Durchgänge das korrekte Urteil abzugeben. Das sollte sie in den Augen der echten Versuchsperson glaubwürdig erscheinen lassen. In den zwölf folgenden Durchgängen sollten die Vertrauten sechs Mal nach dem Zufallsprinzip übereinstimmend ein falsches Urteil abgeben. Das Ergebnis: Jede der echten Versuchspersonen hat sich mindestens einmal dem offensichtlichen Fehlurteil der Mehrheit angeschlossen. Insgesamt wurden 32 % konforme Urteile abgegeben, d. h. in fast einem Drittel der Fälle schlossen sich die Versuchspersonen einer offensichtlich falschen Mehrheitsmeinung an. Interessanterweise gibt es aber auch Untersuchungen, die zeigen, dass es nicht immer die Mehrheit sein muss, die den Ton angibt – unter ganz bestimmten Bedingungen können auch einige Wenige die Meinung der ganzen Gruppe beeinflussen (z. B. Moscovici 1979).

6.2 Vorurteile und Intergruppenkonflikte

Vorurteile. Ein wichtiges Anwendungsfeld der Sozialpsychologie, das auch im Klassenzimmer eine wichtige Rolle spielt, ist die Beschäftigung mit Vorurteilen. Dabei geht es um die Frage, wie Vorurteile begründet sind und wie man gegen Vorurteile vorgehen kann. Vorurteile sind Einstellungen und umfassen eine affektive (emotionale), eine kognitive und eine Verhaltenskomponente. Genau genommen können Vorurteile positiv oder negativ sein. In der Sozialpsychologie wird der Begriff des Vorurteils jedoch meist im Zusammenhang mit negativen Einstellungen gegenüber Anderen verwendet: „Unter einem Vorurteil versteht man eine feindselige oder negative Einstellung gegenüber Menschen einer bestimmten Gruppe, die nur auf ihrer bloßen Mitgliedschaft in dieser Gruppe basiert" (Aronson et al. 2004, S. 485).

Theorien zum Abbau von Vorurteilen. Als eine Möglichkeit zur Überwindung von Vorurteilen führt Aronson die sogenannte „Kontakthypothese" an. Dahinter verbirgt sich der Gedanke, dass Vorurteile sich dann nicht mehr aufrecht erhalten lassen, wenn im konkreten Kontakt mit Mitgliedern anderer Gruppen (positive) Erfahrungen gemacht werden, die mit den Vorurteilen nicht zu vereinbaren sind. Diese Überlegung war maßgeblicher Hintergrund für das 1954 erlassene Gesetz zur Aufhebung der Rassentrennung in Schulen in den USA (Desegregation Act). Um die Aufhebung der Rassentrennung zu unterstützen, wurden die Schülerinnen und Schüler aus unterschiedlichen Stadtteilen häufig mit Bussen zum gemeinsamen Unterricht zusammengebracht. Man erhoffte sich eine verbesserte Achtung von Minderheitenkindern. Zudem sollten die Vorurteile durch das schulische Miteinander untergraben werden. Tatsächlich aber zeigten sich (nicht nur) in Austin (Texas) massive Probleme in Folge der Umsetzung des „Desegregation Act". Es kam zu massiven Spannungen und Gewalt zwischen den Mitgliedern unterschiedlicher ethnischer Gruppen.

Dass die Kontakthypothese nur unter bestimmten Bedingungen zum Abbau von Vorurteilen führt, zeigen sozialpsychologische Befunde, die sich in drei Punkten zusammenfassen lassen. Damit Kontakt längerfristig zu einem Abbau von Vorurteilen führt,

1. müssen die Beteiligten gemeinsame Ziele verfolgen (gemeinsames Ziel),
2. muss sozialer Austausch stattfinden, bei dem man aufeinander angewiesen ist, um gemeinsame Ziele zu erreichen (positive Interdependenz),
3. darf sich keiner entziehen (individuelle Verantwortlichkeit).

Intergruppenkonflikte. Vorurteile können ein Grund für das Entstehen von Intergruppenkonflikten sein, wobei es natürlich auch andere Gründe für solche Konflikte gaben kann, z. B. Kampf um begrenzte Ressourcen. Sherif und seine Kollegen haben sich in einem Feldexperiment (1961) ausführlich mit den Bedingungen für das Entstehen und die Bewältigung von Konflikten zwischen Gruppen beschäftigt. Sie gingen zunächst von drei verbreiteten Erklärungen für das Zustandekommen von Konflikten zwischen Gruppen aus:

- Die Gruppe als entmenschlichende Kraft („Herdeninstinkt"): Wenn diese Erklärung zuträfe, wären Gruppenkonflikte notwendigerweise die Folge von einmal festgelegter Gruppenzugehörigkeit und somit nicht beeinflussbar.
- Das Vorurteil als Persönlichkeitsmerkmal: Wenn es so wäre, dass Gruppenkonflikte auf Vorurteilen beruhen, die Individuen als (nahezu) stabiles Merkmal besitzen, wären Gruppenkonflikte im günstigsten Fall dadurch zu beeinflussen, dass man die Entwicklung dieses unerwünschten Persönlichkeitsmerkmals verhindert.
- Gruppenkonflikte als Konsequenz inkompatibler Ziele: Wenn Konflikte zwischen Gruppen darauf zurückzuführen sind, dass sie konkurrierende Ziele verfolgen, könnten diese Konflikte dadurch beeinflusst werden, dass man gemeinsame Ziele erzeugt.

Die Forschergruppe wollte die Frage untersuchen, welche Erklärung nun zutreffend wäre. Dazu führte sie ein Feldexperiment in einem Ferienlager durch. Das Feldexperiment verlief in drei Phasen:

1. Zunächst wurden Gruppen von Jugendlichen gebildet, die sich untereinander nicht kannten. Die Gruppen verbrachten ihre Ferien im selben Lager.
2. Sie traten zu Wettkämpfen gegeneinander an, gaben sich Gruppennamen und entwarfen Gruppenabzeichen. Dabei entwickelte sich unmittelbar eine starke Rivalität zwischen den Gruppen, die mit deutlicher Abneigung der einzelnen Gruppenmitglieder zueinander einherging.
3. In einer abschließenden Phase wurden Aktivitäten durchgeführt, bei denen es notwendig war gemeinsam zu arbeiten, um ein angestrebtes Ziel zu erreichen (z. B. Taschengeld zusammenlegen, um gemeinsam einen Film ausleihen zu können). Die Gruppen waren also wechselseitig voneinander abhängig.

Im Ergebnis zeigte sich, dass es unter der Bedingung (3), also bei wechselseitiger Abhängigkeit, eine deutliche Reduktion der Konflikte gab. So wurde deutlich, dass konkurrierende oder inkompatible Ziele (Wettkampfspiele) zwischen den Gruppen zu Konflikten führten, während unter der Bedingung gemeinsamer Ziele (Film) eine Konfliktreduktion erkennbar war.

Methoden-Exkurs: Das Feldexperiment als Forschungsmethode
Sozialpsychologische Untersuchungen finden häufig unter möglichst natürlichen Bedingungen statt. Bei Experimenten im natürlichen Umfeld spricht man von „Feldexperimenten". Ein bekanntes Beispiel ist die oben aufgeführte Studie von Sherif und Kollegen. Feldexperimente haben die folgenden Kennzeichen:

- Das Feldexperiment ist ein Experiment in einem natürlichen Umfeld, bei dem Untersuchungsbedingungen willkürlich hergestellt und systematisch variiert werden.
- Die Teilnehmerinnen und Teilnehmer merken u. U. gar nicht, dass sie an einem Experiment mit kontrollierten Bedingungen und systematischer Bedingungsvariation teilnehmen.
- Das Feldexperiment unterliegt den gleichen Prinzipien (Versuchsplanung, Durchführung, Auswertung) wie ein Laborexperiment; deshalb sind – wie beim Laborexperiment – aus den Untersuchungsergebnissen Aussagen über kausale Effekte abzuleiten.
- Die Bedingungen lassen sich im Feldexperiment oft nicht so präzise erfassen oder herstellen wie beim Laborexperiment; deshalb ist die Genauigkeit der Ergebnisse meist reduziert.
- Es lassen sich komplexe Bedingungen in „normalen", natürlichen Situationen untersuchen; deshalb sind die Ergebnisse meist direkter auf die Alltagswelt („Praxis") zu übertragen als beim Laborexperiment.

Bei der unten dargestellten Untersuchung von Borsch et al. (2002) handelt es sich um ein Feldexperiment.

Ein Interventionsprogramm zum Abbau von Vorurteilen
Kooperatives Lernen. Der Sozialpsychologe Elliott Aronson, ein Spezialist auf dem Gebiet der Vorurteilsforschung, wurde in den Zeiten des gescheiterten Desegregation Acts (s.o.) beauftragt, eine Lösung zum Abbau von Vorurteilen an den Schulen zu entwickeln. Einen Ansatzpunkt zur Umsetzung der oben behandelten drei Prinzipien zum Abbau von Vorurteilen sahen Aronson et al. (1978) darin, sozialen Austausch durch die Anwendung kooperativer Lernformen zu forcieren.

Neu an ihrem Konzept zur Strukturierung kooperativen Lernens war die Umsetzung der Prinzipien des „gemeinsamen Ziels", der „positiven Interdependenz" und der „individuellen Verantwortlichkeit".

Unter positiver Interdependenz versteht man, dass die Lernenden im positiven Sinne voneinander abhängig sind – alle sitzen in einem Boot. Um den gesamten Lernstoff zu verstehen, ist man auf die Zusammenarbeit angewiesen. Individuelle Verantwortlichkeit („keiner darf sich entziehen") wird dadurch sichergestellt, dass jeder einen besonderen Beitrag zum Erfolg seiner Lerngruppe zu erbringen hat, aber auch dadurch, dass jeder Einzelne am Ende individuell nachweisen muss, dass er bzw. sie das (gemeinsame) Ziel erreicht hat, den Lernstoff zu verstehen.

Das Gruppenpuzzle. Diese eher abstrakten Überlegungen wurden konkret in der Methode des Gruppenpuzzles umgesetzt: Der gesamte Lernstoff einer Lerneinheit wird in Teilgebiete zerlegt. Für jedes dieser Teilgebiete wird eine „Expertengruppe" gebildet, die sich den jeweiligen Lernstoff erarbeitet. Anschließend werden die Gruppen in veränderter Weise so zusammengesetzt, dass jeweils eine Expertin oder ein Experte zu jedem Teilgebiet in einer Gruppe ist. In dieser sogenannten Stammgruppe vermitteln sich die Expertinnen und Experten den gesamten Lernstoff nun gegenseitig. Anschließend bearbeiten die Schülerinnen und Schüler individuell einen Wissenstest über den gesamten Lernstoff (vgl. Abb. 6.2). Auf diese Weise ist gewährleistet, dass

- alle ein gemeinsames Ziel haben, nämlich das Verständnis des gesamten Lernstoffs,
- intensiver sozialer Austausch stattfindet, denn die Schülerinnen und Schüler einer Stammgruppe sind jeweils darauf angewiesen, die einzelnen Wissensbausteine von ihren Mitschülerinnen und Mitschülern vermittelt zu bekommen,
- keiner sich entziehen kann, denn einerseits fordern die Mitglieder der Stammgruppen das jeweilige Expertenwissen von ihren Mitschülerinnen und Mitschülern ein, andererseits muss jeder allen anderen zuhören, um den gesamten Lernstoff zu verstehen und im individuellen Wissenstest gut abzuschneiden.

Zu Umsetzungsformen, zu Bedingungen und Effekten von Gruppenarbeiten informieren die Übersichtsartikel von Gruber (2006); Wecker und Fischer (2014), sowie das Lehrbuch von Borsch (2015).

Borsch et al. (2002) prüften im Rahmen einer Studie mit 16 Klassen der 3. und 4. Jahrgangsstufe an acht Grundschulen (je 1x kooperativ, 1x lehrergeleitet), ob – über die von Aronson berichteten positiven Effekte auf den Abbau von Vorurteilen hinaus – auch positive Effekte im Hinblick auf die Lernleistungen der Schülerinnen

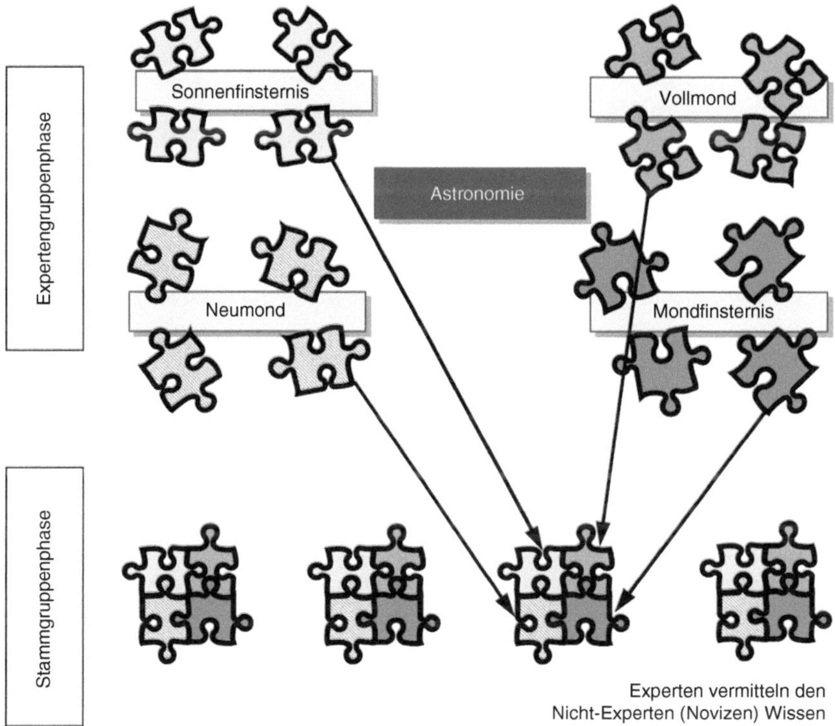

Abb. 6.2 Das Prinzip der Gruppenbildung im Gruppenpuzzle (am Beispiel einer Unterrichtseinheit zur Astronomie) (vgl. Borsch 2005)

und Schüler zu erwarten sind, wenn Unterricht nach der Methode des Gruppenpuzzles gestaltet wird. In jeder Klasse wurden zwei Sachunterrichtseinheiten im Umfang von jeweils 6 Unterrichtsstunden zu den Themen „Ritter & Burgen", „Wetter", „Vulkane" und „Astronomie" durchgeführt. Den kooperativ und den lehrergeleitet unterrichteten Klassen stand dabei jeweils das gleiche Unterrichtsmaterial zur Verfügung. Vor und nach jeder Unterrichtseinheit sowie mit einem zeitlichen Abstand von zwei Monaten wurde jeweils ein Wissenstest durchgeführt, um die Lernzuwächse der Schülerinnen und Schüler zu erfassen. Fragestellungen bezogen sich darauf, ob

1. kurz- und langfristig in den kooperativ unterrichteten Klassen mehr gelernt wird als in den lehrergeleitet unterrichteten Klassen,

2. die Lernzuwächse bei guten, mittleren und schwachen Schülerinnen und Schülern unterschiedlich ausfallen und
3. die Schülerinnen und Schüler in ihrem jeweiligen Expertenthema besonders viel lernen bei den Teilthemen, die sie von ihren Mitschülerinnen und Mitschülern vermittelt bekommen, und in denen sie Wissenslücken aufweisen.

Insgesamt zeigte sich, dass die Lernleistungen in den kooperativ unterrichteten Klassen sowohl unmittelbar nach dem Unterricht als auch im Hinblick auf die längerfristigen Behaltensleistungen besser ausfielen als beim lehrergeleiteten Unterricht. Die Lernzuwächse fielen bei Schülerinnen und Schülern aller Leistungsniveaus vergleichbar aus. In ihren jeweiligen Expertengebieten lernten die Schülerinnen und Schüler zwar mehr, als wenn sie als „Novizen" von ihren Mitschülerinnen und Mitschülern unterrichtet wurden. Die Lernleistungen der Novizen fielen aber immer noch besser aus als die Leistungen der lehrergeleitet unterrichteten Kinder.

Mit dem Gruppenpuzzle wurde von Aronson und seinen Kollegen auf der Basis sozialpsychologischer Erkenntnisse eine Unterrichtsmethode entwickelt, mit der auf der einen Seite wirksam Vorurteile abgebaut werden konnten, die sich gleichzeitig aber auch als lernwirksame Unterrichtsform erwies. Aronson fasst seine wichtigsten Ergebnisse in den vier folgenden Punkten zusammen:

- Die Schülerinnen und Schüler realisieren, dass eine Integration von Außenseiterinnen und Außenseitern notwendig ist, um den gesamten Lernstoff beherrschen zu können.
- Indem Schülerinnen und Schüler zu Spezialisten darin werden, ihre leistungsschwächeren Mitschülerinnen und Mitschüler zu interviewen, um an deren Expertenwissen zu gelangen, gelingt auch der Austausch in leistungsheterogenen Gruppen.
- Vorurteile werden abgebaut, gegenseitige Wertschätzung und Unterstützung entstehen.
- Die wechselseitige Abhängigkeit resultiert in der Feststellung: „Nobody left to hate" (Aronson 2001).

Vertiefungsempfehlung
Borsch, F. (2015). *Kooperatives Lehren und Lernen im schulischen Unterricht*. Stuttgart: Kohlhammer.
Gruber, G. L. (2006). Lernen in Gruppen/Kooperatives Lernen. In H. Mandl & H. F. Friedrich (Hrsg.), *Handbuch Lernstrategien* (S. 261–272). Göttingen: Hogrefe.

Theorie und Praxis
Müssen Gruppenarbeiten schief gehen?

Herr Großmann beginnt in seiner 10. Klasse in Geografie ein neues Thema. Da er letzte Woche auf einer Fortbildung viel von den Vorzügen der Gruppenarbeit gehört hat, möchte er eine neue Unterrichtsform ausprobieren. Er bittet die Schülerinnen und Schüler, sich in Gruppen zu vier Personen zusammenzufinden und für die Dauer der Unterrichtseinheit zusammen zu arbeiten. Er verteilt verschiedene Themen, die an verschiedenen Ländern aufgezogen werden: Australien, Kolumbien, Irland, Japan und Südafrika. Dann gibt er die folgende Anweisung:

„Sucht euch in der Schulbibliothek Informationen raus und sammelt alles, was ihr zum Thema Wirtschaft und Bevölkerungsdichte in den geografischen Räumen herausfinden könnt. In den nächsten zwei Wochen habt ihr alle Zeit der Welt, das als Gruppe zusammenzutragen. Am Freitag in zwei Wochen präsentiert ihr eure Ergebnisse für die Klasse."

Während der folgenden zwei Wochen traten mehr Probleme auf als Herr Großmann erwartet hatte. Zum Beispiel stellte er fest, dass sich bei der Gruppenzusammenstellung die guten und eher schwachen Schülerinnen und Schüler in den Gruppen zusammengefunden hatten und dass keine Mischung stattfand. Es gab noch eine Gruppe, in der sich ein sehr beliebter Schüler und seine Clique zusammengefunden hatten. Die anderen Gruppen waren mehr oder weniger die „übriggebliebenen" oder diejenigen, die ohnehin eher Probleme mit selbstständiger Arbeit hatten. Einige Gruppen fingen direkt an zu arbeiten, andere tauschten erst einmal den neuesten Tratsch und Klatsch aus und wieder andere unterhielten sich über die Organisation des Schulballs, den die 10. Jahrgangsstufe übernommen hatte. Wieder andere waren weder inhaltlich noch sonstwie aktiv oder produktiv.

Nach einiger Zeit kamen mehr und mehr Klagen von den Schülerinnen und Schülern: „Jana und ich machen alle Arbeit in der Gruppe. Die anderen drücken sich bloß und machen nicht einen Finger krumm!" – „Holger denkt er ist der Boss und kommandiert die anderen rum. Bloß weil er schon mal in Australien war, denkt er wohl, er weiß alles!" – „Wir lesen und lesen und es kommt nichts Gescheites raus!"

Die Ergebnisse, die die Schülerinnen und Schüler am Ende präsentieren, sind in der Qualität sehr unterschiedlich. Einige sind gut strukturiert, andere chaotisch und wenig informativ. Manche sind einfach schlecht gemacht und

(Fortsetzung)

schlecht vorgetragen. „Das also kommt bei Gruppenarbeiten raus", denkt Herr Großmann und beschließt: „Wenn ich will, dass die Schülerinnen und Schüler etwas lernen, muss ich meinen Unterricht halt selbst machen!"

Fragen:
1. Welche Prinzipien der Gruppenarbeit werden bei dieser Gruppenarbeit verletzt?
2. Welche Vorschläge könnten Sie aus der Sicht der sozialpsychologischen Forschung machen, um die Qualität der Gruppenarbeit zu verbessern?

(Lösungshinweise im Anhang)

6.3   Zusammenfassung

Die Sozialpsychologie untersucht den sozialen Einfluss auf das Verhalten und Erleben von Individuen und gegenseitige Beeinflussungsprozesse. Am Beispiel der Forschung zum konformen Verhalten und zu Vorurteilen wird sozialpsychologische Forschung illustriert. Eine praktische Anwendungsmöglichkeit sozialpsychologischer Forschung wurde in der Form des Gruppenpuzzles erläutert und mit einem Untersuchungsbeispiel besprochen. Mit dem Feldexperiment wurde eine weitere Untersuchungsmethode der Psychologie vorgestellt.

Literatur

Aronson, E. (2001). *Nobody left to hate: Teaching compassion after Colombine*. New York: W.H. Freeman & Company.

Aronson, E., Blaney, N., Stephan, C., Sikes, J., & Snapp, M. (1978). *The jigsaw classroom*. Beverly Hills: Sage.

Aronson, E., Wilson, T. D., & Akert, R. M. (2004). *Sozialpsychologie* (4. Aufl.). München: Pearson.

Asch, S. E. (1956). Studies of independence and conformity: A minority of one against a unanimous majority. *Psychological Monographs, 70*, 1–70.

van Beek, J. A., de Jong, F. P. C. M., Minnaert, A. E. M. G., & Wubbels, T. (2014). Teacher practice in secondary vocational education: Between teacher-regulated activities of student learning and student self-regulation. *Teaching and Teacher Education, 40*, 1–9.

Borsch, F. (2005). *Der Einsatz des Gruppenpuzzles in der Grundschule: Förderung von Lernerfolg, Lernfreude und kooperativen Fertigkeiten.* Hamburg: Verlag Dr. Kovac.

Borsch, F. (2015). *Kooperatives Lehren und Lernen im schulischen Unterricht.* Stuttgart: Kohlhammer.

Borsch, F., Jürgen-Lohmann, J., & Giesen, H. (2002). Kooperatives Lernen in Grundschulen: Leistungssteigerung durch den Einsatz des Gruppenpuzzles im Sachunterricht. *Psychologie in Erziehung und Unterricht, 49,* 172–183.

Drössler, S., Jerusalem, M., & Mittag, W. (2007). Förderung sozialer Kompetenzen im Unterricht. Implementation eines Lehrerfortbildungsprojekts. *Zeitschrift für Pädagogische Psychologie, 21,* 157–168.

van Ewijk, R., & Sleegers, P. (2010). The effect of peer socioeconomic status on student achievement: A meta-analysis. *Educational Research Review, 5,* 134–150.

Grewe, N. (2007). Schul- und Klassenklima aktiv gestalten. In T. Fleischer (Hrsg.), *Handbuch Schulpsychologie* (S. 229–238). Stuttgart: Kohlhammer.

Gröschner, A., Schindler, A.-K., Holzberger, D., Alles, M., & Seidel, T. (2018). How systematic video reflection in teacher professional development regarding classroom discourse contributes to teacher and student self-efficacy. *International Journal of Educational Research, 90,* 223–233.

Gruber, G. L. (2006). Lernen in Gruppen/Kooperatives Lernen. In H. Mandl & H. F. Friedrich (Hrsg.), *Handbuch Lernstrategien* (S. 261–272). Göttingen: Hogrefe.

König, J. (2009). Klassenklima und schulbezogene Hilflosigkeit in den Jahrgangsstufen 8 und 9. *Zeitschrift für Pädagogische Psychologie, 23,* 41–52.

Kunter, M., & Trautwein, U. (2017). *Psychologie des Unterrichts.* Paderborn: Schöningh.

Kunter, M., Baumert, J., & Köller, O. (2007). Effective classroom and the development of subject-related interest. *Learning and Instruction, 17,* 494–509.

Makarova, E., Herzog, W., & Schönbächler, M.-T. (2014). Wahrnehmung und Interpretation von Unterrichtsstörungen aus Schülerperspektive sowie aus Sicht der Lehrpersonen. *Psychologie in Erziehung und Unterricht, 61,* 127–140.

Moscovici, S. (1979). *Sozialer Wandel durch Minoritäten.* München: Urban & Schwarzenberg.

Muhonen, H., Pakarinen, E., Poikkeus, A.-M., Lerkkanen, M.-K., & Rasku-Puttonen, H. (2018). Quality of educational dialogue and association with students' academic performance. *Learning and Instruction, 55,* 67–79.

Oortwijn, M. B., Boekarts, M., Vedder, P., & Strijbos, J.-W. (2008). Helping behavior during cooperative learning and learning gains: The role of teacher and pupils' prior knowledge and ethnic background. *Learning and Instruction, 18,* 146–159.

Schwarz, S., Röbers, C. M., & Schneider, W. (2004). Entwicklungsveränderungen in Konformität und in kognitiven Folgen sozialer Beeinflussung. *Zeitschrift für Entwicklungspsychologie und Pädagogische Psychologie, 36,* 173–181.

Sherif, M., Harvey, O. J., White, J., Hood, W., & Sherif, C. W. (1961). *Intergroup conflict and cooperation: The robber's cave experiment.* Norman: University of Oklahoma, Institute of Intergroup Relations.

Wecker, C., & Fischer, F. (2014). Lernen in Gruppen. In T. Seidel & A. Krapp (Hrsg.), *Pädagogische Psychologie* (S. 277–296). Weinheim: Beltz.

Weiterführende Literatur zu diesem Kapitel

Aronson, E., Wilson, T. D., & Akert, R. M. (2004). *Sozialpsychologie* (4. Aufl.). München: Pearson.

Borsch, F. (2015). *Kooperatives Lehren und Lernen im schulischen Unterricht*. Stuttgart: Kohlhammer.

Kunter, M., & Trautwein, U. (2017). *Psychologie des Unterrichts*. Paderborn: Schöningh.

Wecker, C., & Fischer, F. (2014). Lernen in Gruppen. In T. Seidel & A. Krapp (Hrsg.), *Pädagogische Psychologie* (S. 277–296). Weinheim: Beltz.

Hier finden Sie Hinweise auf die Lösungsansätze zu den Fallbeispielen und den Theorie und Praxis-Aufgaben in den einzelnen Kapiteln. Bedenken Sie beim Bearbeiten der Aufgaben, dass psychologisches und pädagogisches Handeln sich dadurch auszeichnet, dass es selten nur eine richtige Antwort gibt, dass meist mehrere Perspektiven berücksichtigt werden müssen und dass gute Lehrer immer wieder nach kreativen Lösungen suchen müssen. Betrachten Sie die unten aufgezeigten Lösungen also als Orientierungshilfen, die keinen Anspruch auf Vollständigkeit erheben können oder wollen.

Kapitel 1

Warum kommt Anna nicht zurecht?

1. Welche Faktoren können dazu beigetragen haben, dass Anna im Gymnasium nur schwache Leistungen zeigt?
   - *Entwicklungspsychologische Perspektive:* Was ist der Entwicklungsstand der Schülerin in den relevanten Aspekten, z. B. hinsichtlich der kognitiven und metakognitiven Strategien, z. B. wie gut ist die Schülerin in der Lage, das eigene Lernen zu organisieren?
   - *Lernspsychologische Perspektive:* Die Schülerin kennt und nutzt keine oder ungünstige Lernstrategien. Die Schülerin erkennt den Zusammenhang zwischen ihrem Lernverhalten und dem Lernergebnis nicht.

© Springer-Verlag GmbH Deutschland, ein Teil von Springer Nature 2020   127
M. Imhof, *Psychologie für Lehramtsstudierende*, Basiswissen Psychologie,
https://doi.org/10.1007/978-3-662-58727-0

- *Persönlichkeitspsychologische Perspektive:* Bei der Schülerin sind möglicherweise die individuellen Lernvoraussetzungen (kognitive Begabung, Aufmerksamkeit, Motivation) nicht ausreichend.
- *Sozialpsychologische Perspektive:* Die Schülerin fühlt sich in der neuen Klasse nicht eingebunden und von den Lehrern und Lehrerinnen nicht ausreichend betreut.
- *Klinische Perspektive:* Die Schülerin hat ein Problem mit der Aufrechterhaltung von Aufmerksamkeit.

2. Anna hatte aus der Grundschule bestimmte Voraussetzungen und Fähigkeiten für das Gymnasium mitgebracht. Welche Fähigkeiten hat sie nicht mitgebracht?
   Fähigkeiten, die die Schülerin mitgebracht hat:
   - Kenntnisse in den geforderten Grundlagen
   - Einfache Lernstrategien (Wiederholungsstrategien)
   - Fähigkeit, soziale Kontakte zu knüpfen

   Fähigkeiten, die die Schülerin noch erwerben muss:
   - Selbstorganisation
   - Anspruchsvolle Lernstrategien
   - Aufmerksamkeitssteuerung
   - Fähigkeit zur Selbstkontrolle und Nachfragen
   - Kooperation mit anderen
   - Günstige Attributionen
   - Realistische Zielsetzungen

3. Was hätten Annas Lehrer und Lehrerinnen tun können, um ihr den Einstieg ins Gymnasium zu erleichtern?
   z. B. Lernstrategien im Unterricht vermitteln und üben; Selbstorganisation fördern und nicht einfach voraussetzen; geeignete Sozialformen wählen, um Schüler und Schülerinnen gezielt zu kooperativem Lernen anzuregen; auf die Lernumgebung achten, so dass alle Zugang zu den wichtigen Dingen haben (Tafel etc.); mit Nachfragen/Fehlern/Schwierigkeiten konstruktiv umgehen; bei Leistungsfeststellungen konkrete Hilfen anbieten, um Schwierigkeiten zu überwinden

Kapitel 2

Die Geografie-Stunde: Warum ist das alles so schwer?

1. Was sind mögliche Gründe dafür, dass die Schülerinnen und Schüler mit dem Text Schwierigkeiten haben?

z. B. Vorwissen; Fähigkeit zum abstrakten Denken; sprachliche Fähigkeiten, Vokabular; Lern- und Lesestrategien; Strategien zu erkennen, was man nicht versteht und wie man Hilfe holt; Fähigkeit zur Selektion, z. B. zur Unterscheidung von Haupt- und Nebengedanken, von Wichtigem und Unwichtigem.

2. Mit welchen Maßnahmen unterstützt der Lehrer das Verständnis der Schülerinnen und Schüler?

Der Lehrer

… unterstützt die Schülerinnen und Schüler dabei, ihre Probleme mit dem Text zu verbalisieren; … übersetzt und vereinfacht den Text; … modelliert eine Problemlösemöglichkeit, z. B. Beispiele finden; … verstärkt Lösungen, die Schülerinnen und Schüler finden, positiv; … regt die Schülerinnen und Schüler zur Eigenaktivität an; … gibt NICHT einfach die Lösung vor; … unterstellt NICHT Unfähigkeit oder fehlende Motivation bei den Schülerinnen und Schülern.

Theorie und Praxis: Welche Bedeutung haben entwicklungspsychologische Erkenntnisse für die Entscheidungen von Lehrerinnen und Lehrer?

1. Was müsste die Lehrerin aus der Sicht der Theorie von Piaget beachten, wenn sie dieses Thema in der Grundschule behandeln möchte?

Die Lehrerin

… sollte auf die Bedeutung des kognitiven Konflikts achten und bei den Schülern und Schülerinnen diesen Konflikt „erzeugen", z. B. durch eine Demonstration oder noch besser, indem sie die Schüler eigenständig mit verschiedenen Materialien experimentieren lässt; … die Schüler und Schülerinnen selbst handeln/ experimentieren lassen; … die Schüler und Schülerinnen wiederholt experimentieren lassen; … die Schüler und Schülerinnen die Gesetzmäßigkeit selbst und in ihren Worten formulieren lassen.

2. Wie kann die Lehrerin aus der Sicht der Theorie von Piaget ihre Vorgehensweise ändern, wenn sie mit Schülerinnen und Schülern der Oberstufe arbeitet?

Die Lehrerin

… kann die abstrakten Erklärungen einbringen; … kann die Zahl der Wiederholungen reduzieren; … kann die Schülerinnen und Schüler selbstständig arbeiten lassen und die Hypothesen entwickeln und prüfen lassen.

3. Welche Hinweise zur Behandlung des Themas geben informationsverarbeitungstheoretische Ansätze?

Aus der Sicht der Informationsverarbeitungstheorie wäre an folgende Punkte zu denken:

- Wie kann Komplexität reduziert werden, so dass das Kernproblem klar erkennbar wird und mögliche Ablenkungen reduziert werden?
- Wie kann die Aufmerksamkeit auf die relevanten Merkmale des zu untersuchenden Materials gelenkt werden?
- Wie kann das Arbeitsgedächtnis entlastet werden (z. B. durch Grafiken, Veranschaulichungen, geeignete Notizen)?
- Wie kann das relevante Vorwissen aktiviert werden?

Kapitel 3

Michael hat „nicht viel" gelernt?!

In diesem Fallbeispiel kann man verschiedene Formen des Lernens erkennen:

- Erwerb von Lernstrategien
- Lernen durch Üben
- Motorisches Lernen
- Lernen durch Verstärkung
- Lernen am Modell
- Wissenserwerb

Theorie und Praxis: Lernstrategien vermitteln

Zu dieser Aufgabe können nur allgemeine Lösungshinweise gegeben werden. Das Einüben von Lernmethoden im Fachunterricht findet sich auch in den Lehrplänen der einzelnen Länder verankert und wird somit neben der allgemeinen Vermittlung fachlicher Inhalte eine zentrale Rolle für Ihre zukünftigen Unterrichtsplanungen spielen. Generell kann hier noch einmal auf die entsprechenden Übersichten in Kap. 3 verwiesen werden. Zusätzlich ist zu kommentieren, dass die empirische Basis darauf hinweist, dass es effektiver ist, sich bei der Vermittlung von Lernstrategien zu einem Zeitpunkt auf eine Strategie zu konzentrieren und den Schülerinnen und Schülern die Möglichkeit zu geben, diese Strategie zu explorieren und einzuüben. Die Idee, dass eine Strategie viel hilft und viele Strategien mehr helfen, gilt zumindest in der Vermittlungsphase nicht. Zu beachten ist auch, dass nicht alle Lernstrategien in jedem Alter vermittelt werden können (Denken Sie an die unterschiedlichen Entwicklungsstände entweder nach Piaget oder nach der Informationsverarbeitungstheorie). Dazu kommt, dass nicht alle Lernstrategien für jeden Schüler und für jeden Stoff in derselben Weise geeignet sind. Denken Sie auch daran, dass manche Lernstrategien für Schülerinnen und Schüler hilfreich sein können, die Ihnen persönlich NICHT liegen. Als Lehrerin oder Lehrer müssen Sie also mehr Lernstrategien kennen, als Sie selbst aktiv benutzen.

Theorie und Praxis: Das dicke Lob der Lehrerin

1. Überlegen Sie, welche Verstärker bei Schülerinnen und Schülern in verschiedenen Altersstufen angemessen erscheinen.
   Zu dieser Frage kann auf die Übersicht in Kap. 3 verwiesen werden.
2. Die Klassenlehrerin der 2b möchte den Schüler Olaf für seine Leistung im Vorlesewettbewerb belohnen. Sie hat die Theorie des Operanten Konditionierens studiert und händigt ihm diese Urkunde aus, um das Verhalten zu verstärken.
   Mit dieser Urkunde wird die Lehrerin ihr Ziel nicht erreichen, denn ziemlich sicher ist diese Urkunde für den Schüler keine wirksame Belohnung, denn
   - Sie ist zu textlastig: Wie soll ein Schüler der 2. Klasse diese vielen Worte und Fremdworte verstehen?
   - Der eingesetzte Verstärker ist nicht ansprechend für Kinder.
   - Ein sekundärer Verstärker ist möglicherweise zu abstrakt.
   - Die Urkunde hat nichts mit dem Verhalten zu tun, das gelobt wurde, nicht einmal symbolisch (z. B. ein Bild mit einem Buch).

Bei der Wahl des Verstärkers ist es wichtig, dass der Empfänger diesen auch als Verstärker erleben kann!

Theorie und Praxis: Schülerinnen und Schüler lernen voneinander

1. Welche Aspekte des Lernens am Modell setzt die Praktikantin in der Arbeit mit Ellen erfolgreich um?
   Ausgehend von der Theorie des Modelllernens kann man sehen, dass die folgenden Kriterien beachtet werden:
   - Das Zielverhalten wird modelliert
   - Konzentration auf wenige, wichtige Aspekte
   - Reduktion von Komplexität wird versucht
   - Gelegenheit zur Übung wird gegeben
   - Soziale Motivierung durch Angebot von Unterstützung
2. Welche Aspekte des Lernens am Modell könnte die Praktikantin noch berücksichtigen?
   - Die Voraussetzungen müssen geprüft werden, ob die Schülerin das Zielverhalten umsetzen kann.

- Rückfragen sind nicht ausreichend, sondern die Praktikantin muss andere Wege finden, zu prüfen, ob die Schülerin eine Strategie verstanden hat.
- Auf die „Knackpunkte" bei den Strategien hinweisen
- Hinweise aufspüren, wie Mitschüler von Ellen Notizen machen. Die Strategien der Praktikantin könnten zu schwierig sein für die Schülerin.
- Gelegenheiten schaffen, dass die Schülerin den Erfolg der Strategie zeitnah erfährt (und nicht erst bis zur nächsten Klassenarbeit warten muss).

Kapitel 4

Klaus und Paula: Unterschiedliche Leistungen im selben Unterricht?

Zur Beschreibung der Unterschiede zwischen den beiden Kindern kann man z. B. folgende Kriterien betrachten:

- Alter
- Geschlecht
- Motivation
- Kognitive Lernvoraussetzungen
- Interessen
- Fähigkeit zur Aufmerksamkeitssteuerung
- Akademisches Selbstkonzept
- Attributionen

Zur Beschreibung der Unterschiede zwischen Menschen können Hypothetische Konstrukte hilfreich sein. Die direkt beobachtbaren Verhaltensweisen können als Indikatoren für diese Konstrukte interpretiert werden. Der konkrete Zusammenhang zwischen den Indikatoren und einem Konstrukt basiert auf empirischen Beobachtungen und theoretischen Systematisierungen dieser Beobachtungen.

Theorie und Praxis: Förderung von Motivation durch Rückmeldung

1. Welche motivationspsychologischen Prinzipien versucht die Lehrerin hier in die Praxis umzusetzen?
   Die Prinzipien, die Frau Meister hier versucht umzusetzen:

- Sie verstärkt Erfolge direkt. Sie beobachtet die Schüler und Schülerinnen bei der Arbeit und verstärkt sofort, wenn etwas gelungen ist (zeitliche Kontingenz; s. Kap. Lernpsychologie).
- Sie gibt individuelle Rückmeldung und vermeidet Wettbewerb. Dadurch fördert sie die Lernzielorientierung der Schüler und Schülerinnen.
- Die Lehrerin verhält sich so, dass Misserfolge keine „Katastrophen" sind. Keiner wird blamiert, runtergemacht oder bestraft, wenn etwas nicht gelingt.
- Schüler und Schülerinnen können sich als kompetent erleben, weil sie selbst etwas machen können und nicht nur zugucken müssen, wie die Lehrerin etwas vormacht.

2. In welcher der beiden Klassen ist es wahrscheinlicher, dass die Schülerinnen und Schüler mehr Spaß an den geometrischen Konstruktionen haben und in derselben Zeit mehr Konstruktionen hinbringen? Begründen Sie Ihre Einschätzung aus der Sicht der Motivationspsychologie.

   Aus der Sicht der Motivationspsychologie sollte die 2. Klasse besser, also die Schülerinnen und Schüler in derselben Zeit mehr Aufgaben bearbeiten und mehr Spaß daran haben, weil zusätzlich zu den o. g. Prinzipien weitere Aspekte der Motivation beachtet werden, nämlich:
   - Die Lehrerin gibt spezifisches Lob, nicht globales Lob, d. h. die Schülerinnen und Schüler wissen genau, was sie richtig gemacht haben, nicht nur, dass sie irgendetwas richtig gemacht haben.
   - Die Lehrerin begründet den Erfolg und zeigt den Schülerinnen und Schülern, dass sie den Erfolg durch eigene Anstrengung oder eigene Begabung erzielt haben. Sie zeigt den Schülerinnen und Schülern interne Attributionsmöglichkeiten (variabel oder stabil) für ihre Erfolge.
   - Die Lehrerin greift in der 2. Klasse Misserfolg auf und zeigt, dass Misserfolg veränderbar ist. Sie legt also eine variable Attribution für Misserfolg nahe.
   - Sie zeigt den Kindern nicht die richtige Lösung, sondern gibt ihnen Hinweise, wie sie das Problem selbst lösen können. Die Kinder erfahren, dass sie, wenn sie sich die richtigen Strategien und Vorgehensweisen aneignen, den Erfolg selbst herbeiführen können. Sie lernen dabei, dass Erfolg und Misserfolg kontrollierbar sind.

3. Welche konkreten Verhaltensweisen könnten Sie der Lehrerin aus der Sicht der Motivationspsychologie noch nahelegen, um die Wirkung der Rückmeldungen zu optimieren?
   - Die Lehrerin hätte konkretere Ziele vorgeben können, z. B.: „Jeder macht 3 Konstruktionen."

- Die Lehrerin hätte die Strategien, die zum Erfolg führen, noch stärker hervorheben können, z. B. indem sie die Schülerinnen und Schüler bei richtigen Lösungen fragt, wie sie es geschafft haben und wie sie vorgegangen sind.
- Sie hätte den Schülerinnen und Schülern, die zunächst Probleme hatten und dann doch die Lösung erreicht haben, noch einmal deutlich machen können, wie sie durch eigene Anstrengungen und gute Strategien den Erfolg herbeigeführt haben.
- Sie hätte den Schülerinnen und Schülern zeigen können, was sie nun mit dem neu erworbenen Wissen anstellen können.
- Sie hätte die Schülerinnen und Schüler auffordern können, ihre eigenen Leistungen kritisch zu bewerten.

Kapitel 5

Annkatrin – Eine „Problemschülerin"?

1. Probleme bei Annkatrin könnten sein:
   - Die Schülerin hat zwar gelernt, zu Gleichaltrigen oder jüngeren Kindern eine Beziehung aufzubauen und mit diesen zu kommunizieren, aber nicht zu Erwachsenen.
   - Die Schülerin hat zu wenig Gelegenheit, mit Erwachsenen zu sprechen und angemessen sprechen zu lernen.
   - Die Schülerin hat noch nicht gelernt, sich mit abstrakten Inhalten auseinanderzusetzen.
   - Gegen eine Aufmerksamkeitsstörung spricht, dass das Mädchen gerade mit Dingen wie Kleber, Schere und Papier sehr geschickt und konzentriert ist.
2. Um Annkatrin in der Klasse zu fördern, könnten folgende Maßnahmen sinnvoll sein:
   - Mit der Schülerin so arbeiten, dass sie sprechen muss, z. B. indem man sie verstärkt, wenn sie etwas sagt.
   - Mit der Schülerin so arbeiten, dass die Zeichensprache gelöscht wird, z. B. durch Ignorieren der Zeichen.
   - Mit der Schülerin über etwas sprechen, was sie gut kann oder gern tut, z. B. Basteln.
   - Kooperativen Unterricht machen, so dass sich die Schülerin in einer Kleingruppe äußern kann.
   - Arbeitsaufträge so geben, dass die Schülerin diese z. B. bildlich vor sich hat.

– Der Schülerin immer wieder Rückmeldung geben, so dass sie ermutigt wird, weiter zu machen und dran zu bleiben.

Theorie und Praxis: Förderung eines positiven Attributionsstils

1. Was sind die Merkmale von Jonas' Attributionsmuster?
Der Schüler scheint internal stabile Ursachen für seine Schwierigkeiten anzunehmen. Hilfe könnte von außen kommen, z. B. indem Lehrer und Lehrerinnen Präsentationsformen wählen, die ihm entsprechen. Eigene Aktivitäten sieht er kaum als wirkungsvoll an.
2. Wie könnten die Reaktionen des Lehrers auf Jonas' Leistungen die Attributionen des Schülers positiv beeinflussen?
Zu dieser Frage kann auf die verschiedenen Techniken verwiesen werden, z. B. die Modellierungstechniken und die Kommentierungstechniken, die Lehrerinnen und Lehrer nutzen können, um die Attributionen ihrer Schülerinnen und Schüler zu beeinflussen.
3. Welche Maßnahmen zur Förderung der Motivation des Schülers könnte die Praktikantin aus Sicht der Motivationspsychologie noch vorschlagen?

Zusätzlich zu den Attributionen könnte es sinnvoll sein, dem Schüler auch Lernstrategien zu vermitteln, um Erfolge zu ermöglichen und Gelegenheiten zu schaffen, die eigene Anstrengung als Ursache für einen Erfolg zu erkennen.

Kapitel 6

Keiner mag Heiner

1. Welchen Einfluss hat die Gruppe auf das Verhalten und Erleben des Schülers Heiner?
   – Dazu können folgende Aspekte genannt werden:
   – Mangelndes Selbstvertrauen
   – Misserfolgsorientierung
   – Soziale Isolation
   – Sinkende Motivation und Lernfreude in Sport und andern Fächern
   – Ängstlichkeit
2. Welche Aspekte des Lehrerverhaltens begünstigen oder verstärken die unpassende soziale Interaktion in der Klasse?

- Wettbewerbsorientierung
- Übersehen/Ignorieren von Störungen
- Ermahnung und Bestrafung von Schülerinnen und Schülern, von denen die Störung nicht ausgeht
- Sozialformen im Unterricht, die die Vereinzelung der Schülerinnen und Schülern begünstigen.
- Unterricht „durchziehen" ohne Rücksicht auf soziale Konflikte
- Keine Konsequenz im Einhalten von Klassenregeln

Theorie und Praxis: Müssen Gruppenarbeiten schiefgehen?

1. Welche Prinzipien der Gruppenarbeit werden bei dieser Gruppenarbeit verletzt?
   - Bei der Gruppenarbeit gibt es kein klares gemeinsames Ziel.
   - Die Gruppenmitglieder sind nicht wirklich aufeinander angewiesen.
   - Einzelne haben die Möglichkeit, sich ohne persönlichen Nachteil der Aufgabe zu entziehen (Trittbrettfahrer-Syndrom).
   - Einzelne aktive Schülerinnen und Schüler verlieren die Motivation, weil sie von den anderen Gruppenmitgliedern nicht unterstützt werden.
2. Welche Vorschläge könnten Sie aus der Sicht der sozialpsychologischen Forschung machen, um die Qualität der Gruppenarbeit zu verbessern?
   - Zur Optimierung der Gruppenarbeit könnten folgende Maßnahmen hilfreich sein:
   - Die Aufgabe konkret genug stellen, damit die Schülerinnen und Schüler eine klare Vorstellung davon haben, was zu tun ist.
   - Die Aufgabe so stellen, dass der Beitrag aller Schülerinnen und Schüler verbindlich gefordert wird.
   - Die Gruppenzusammenstellung so planen, dass alle Schülerinnen und Schüler eingebunden sind.

Akkommodation Nach Piaget die Anpassung der eigenen Handlungs- und Wissensstruktur an die Umweltstruktur, indem entweder ein existierendes Schema verändert oder ein neues gebildet wird.

Arbeitsgedächtnis/Kurzzeitgedächtnis Der Anteil des Gedächtnisses, welcher Informationen aufbewahrt, während sie im Bewusstsein gehalten werden, z. B. wenn eine Information aus dem Langzeitgedächtnis aufgerufen wird. Im Arbeitsgedächtnis kann nur eine geringe Menge von Informationen aktiv gehalten werden; wobei die Kapazität des Arbeitsgedächtnisses mit Hilfe von → Lernstrategien optimiert werden kann.

Assimilation Nach Piaget die Tendenz zur geistigen Anpassung der Umweltstruktur an den jeweiligen Entwicklungsstand der Handlungs- und Denkstrukturen des Individuums. So werden erlernte Schemata (z. B. das Saugen) auf andere Objekte (Bauklötze, Rassel, Wolldecke) angewendet.

Attribution Wenn eine Person für ein Ereignis eine Erklärung sucht, weil kein offensichtlicher Grund dafür vorzuliegen scheint, bezeichnet man diese Erklärung als Attribution oder Ursachenzuschreibung. Ursachenzuschreibungen unterscheidet man danach, ob die Ursachen in der eigenen Person oder außerhalb und zeitstabil oder veränderbar sind. Zusätzlich ist zu beachten, ob die (angenommene) Ursache als kontrollierbar oder nicht von der Person wahrgenommen wird.

Aufmerksamkeit Die selektiven Funktionen des Menschen werden als Aufmerksamkeit zusammengefasst. Dies umfasst die Fähigkeit, aus einer Menge von Reizen ganz gezielt solche zu beachten, die für eine Situation oder eine Aufgabe wichtig sind und diese Reize im → Arbeitsgedächtnis aktiv zu halten.

© Springer-Verlag GmbH Deutschland, ein Teil von Springer Nature 2020
M. Imhof, *Psychologie für Lehramtsstudierende*, Basiswissen Psychologie,
https://doi.org/10.1007/978-3-662-58727-0

Die Aufmerksamkeitsspanne (wie lange kann A. aufrecht erhalten werden?) und der Aufmerksamkeitsumfang (wie viele Aspekte können zugleich beachtet werden?) ändern sich im Laufe der Lebensspanne.

Behaviorismus Dem Behaviorismus werden Theorien zugeordnet, die Lernen und Verhalten mit Hilfe von Stimulus-Response-Verknüpfungen beschreiben und erklären. Die Theorien des Klassischen Konditionierens und des Operanten Konditionierens sind Beispiele dafür. Vertreter dieser Theorien werden als Behavioristen bezeichnet. Dazu gehören z. B. Skinner, Watson, Pawlow.

Beobachtung Als wissenschaftliche Beobachtung bezeichnet man das planvolle Wahrnehmen und Registrieren von Ereignissen und Verhaltensweisen. Die Ergebnisse wissenschaftlicher Beobachtung werden so dokumentiert, dass die → Gütekriterien der Beobachtung überprüft werden können.

Beobachtungslernen Eine Form des Lernens, bei dem eine Beobachterin/ein Beobachter neues Verhalten erlernt, das sie/er bei jemand anderem beobachtet hat. Zur Anleitung von Beobachtungslernen ist es erforderlich, dass die/der Lernende die Aufmerksamkeit auf das relevante Verhalten richtet, die relevanten Aspekte wahrnimmt, sie im Gedächtnis speichern und abrufen kann, die motorische Reproduktion bewältigt und in einer angemessenen Situation motiviert ist, das Verhalten zu zeigen.

Elaboration Ein geistiger Prozess, in dem Lernende das vorhandene Wissen ausbauen und durch Beispiele, Analogien, Situationsmodelle etc. anreichern.

Experiment Ein Experiment ist ein wissenschaftlicher Versuch, bei dem ein Experimentleiter das zu untersuchende Verhalten oder Geschehen unter kontrollierten Bedingungen absichtlich herbeiführt und systematisch erfasst. Im klassischen Experiment wird einer Experimentalgruppe, bei der der Versuchsleiter eine Manipulation an der experimentellen Bedingung (unabhängige Variable, UV) vorgenommen hat, eine Kontrollgruppe gegenübergestellt, bei der in der Regel keine Maßnahme angewendet wird. Bei beiden Gruppen wird dasselbe Merkmal gemessen (abhängige Variable, AV), um die Ausprägungen dieser Variablen in den beiden Gruppen zu vergleichen.

Feldexperiment Das Feldexperiment folgt derselben Logik wie das Labor-Experiment. Es findet jedoch in der natürlichen Umgebung statt, so dass der Experimentleiter damit rechnen muss, dass nicht alle Variablen so streng kontrollierbar sind, wie dies im Labor möglich ist.

Feldstudie Eine Feldstudie findet in natürlicher Umgebung statt, z. B. in Schulen, in bestehenden Gruppen, in Vereinen oder auf der Straße. Diese Art von Erforschung ist dadurch gekennzeichnet, dass der Untersucher keine Möglichkeit hat, die Geschehnisse in der Untersuchung willkürlich herzustellen, sondern vielmehr so „nehmen" muss, wie er sie vorfindet.

Gütekriterien Bei psychologischen Messungen ist es, wie bei jeder anderen Messung auch, erforderlich, einen Nachweis dafür zu erbringen, dass die Erhebung, Auswertung und Interpretation der Daten durch Beobachtung oder Testung bestimmten Messgütekriterien standhalten kann. Als Hauptgütekriterien gelten die → Objektivität, → Reliabilität und → Validität einer Messung.

Hypothetisches Konstrukt Persönlichkeitsmerkmale und innere Prozesse (Gedanken, Absichten, Aufmerksamkeit) lassen sich nicht direkt beobachten. Vielmehr muss aufgrund von Verhaltensbeobachtungen (z. B. Lächeln) auf das hypothetische „Konstrukt" (z. B. Optimismus) geschlossen werden. Es handelt sich dabei um auf theoretischen Annahmen beruhende Konstruktionen.

Informationsverarbeitungstheorie Im Zentrum der Theorie stehen Informationsverarbeitungsprozesse, d. h. die Prozesse zur Aufnahme, Verarbeitung und Speicherung der Informationen. Dabei werden die folgenden Aspekte in den Blick genommen: Die → Aufmerksamkeitssteuerung, → kognitive und → metakognitive Strategien sowie das → Vorwissen.

Intelligenz Nach Wechsler ist Intelligenz „die zusammengesetzte oder globale Fähigkeit des Individuums, zweckvoll zu handeln, vernünftig zu denken und sich mit seiner Umgebung wirkungsvoll auseinanderzusetzen". Zur Erfassung der Intelligenz werden entsprechende Tests eingesetzt, die auf der Basis sehr unterschiedlicher Intelligenzmodelle entwickelt worden sind.

Kognitive Strategien/Lernstrategien Ein oder mehrere geistige Prozesse, die zur Unterstützung eines Lernprozesses eingesetzt werden, z. B. Reduktion der Inhalte auf wichtige Aussagen oder Zusammenfassungen und Kategorisieren von Lerninhalten. Es werden im Wesentlichen drei Kategorien von Lernstrategien unterschieden: Wiederholungs-, Organisations- und Elaborationsstrategien.

Konstruktivismus Eine theoretische Perspektive, die davon ausgeht, dass menschliches Wissen und Erkenntnis durch die Auseinandersetzung einer Person mit ihrer Umwelt aktiv konstruiert werden.

Korrelation Korrelation bezeichnet ganz allgemein das gemeinsame Auftreten von zwei Merkmalen oder Ereignissen z. B. Prüfungsangst und Testleistung. Der Korrelationskoeffizient ist ein statistisches Maß für die Enge und die Richtung dieses Zusammenhangs (nehmen beide Merkmale jeweils gemeinsam zu oder ab bzw. nimmt eines ab, während das andere zunimmt?).

Meta-Analyse Eine Meta-Analyse fasst man eine systematische Zusammenfassung und Auswertung von sog. Primärstudien, z. B. von experimentellen Studien, die mit denselben Konstrukten gearbeitet haben. Eine Meta-Analyse arbeitet einen Überblick über die Befundlage einschließlich der nachgewiesenen Effektgrößen heraus.

Metakognitive Strategien   Als Metakognition wird das Wissen über das eigene Wissen und das Wissen über die Wirkungsweise und die Effektivität der eigenen kognitiven Prozesse verstanden. Strategien, die eingesetzt werden, um diese kognitiven Prozesse zu regulieren, um Lernen und Gedächtnisleistung zu maximieren, werden als metakognitive Strategien bezeichnet. Dazu gehören Fertigkeiten der Planung, Überwachung und Steuerung der eigenen Lernprozesse, z. B. Setzen und Anpassen von Zielen, Nutzen von Hilfsmitteln, Zeiteinteilung, Überprüfung u. ä.

Mittelwert   Der Mittelwert M einer Messwertreihe, berechnet als das arithmetische Mittel (s. Formel) ist der gebräuchlichste Wert, um die zentrale Tendenz einer Verteilung zu beschreiben. Das X in der Formel steht für die einzelnen Messwerte. $M = \dfrac{\sum\limits_{n}^{1} X}{n}$ Der Mittelwert repräsentiert die Ausprägung eines Merkmals in einer Gruppe am besten. Die Information des Mittelwertes ist jedoch nur zusammen mit der → Streuung (SD) sinnvoll zu interpretieren.

Motivation   Das hypothetische Konstrukt der Motivation bezeichnet die Ausrichtung des Verhaltens auf einen bestimmten, positiv bewerteten Zielzustand. Motivation wird in einer Situation aktiviert, wenn in dieser bei einer Person situativ ein Motiv (z. B. das Ziel, eine Kompetenz zu erwerben) aktiviert wird (z. B. durch Aufgaben, die zum Erreichen des Zielzustandes geeignet sind) und die Person auch glaubt, durch ihre eigene Anstrengung und mit dem Einsatz ihrer eigenen Fähigkeiten diesem Ziel näher zu kommen (Selbstwirksamkeit).

Normen   Zur Beurteilung von Lernschwierigkeiten und Verhaltensauffälligkeiten werden drei Maßstäbe unterschieden, die jeweils auf spezifische Normen Bezug nehmen. Unter der sozialen Norm werden Verhaltung oder Leistung mit den entsprechenden Ausprägungen in der jeweiligen Bezugsgruppe verglichen (z. B. Schulklasse); bei der individuellen Norm wird die eigene, bisherige Leistung oder das eigene Verhalten als Vergleich herangezogen; bei der sachlichen Norm wird ein inhaltliches Kriterium zur Beurteilung herangezogen.

Normierung   Damit mehrere Messreihen oder Testergebnisse miteinander verglichen werden können, muss ein einheitlicher Maßstab verwendet werden. Die Festlegung eines einheitlichen Maßstabs zur Einordnung individueller Messergebnisse nennt man Normierung. Bei der Herstellung dieses Bezugssystems wird vorausgesetzt, dass das untersuchte Merkmal normalverteilt ist. Häufig werden bei der Normierung die charakteristischen Punkte einer Normalverteilung als Bezugspunkte zur Konstruktion eines Maßsystems verwendet. Dies ist

z. B. bei der Intelligenzskala der Fall, bei der man den Mittelwert auf 100 und die → Standardabweichung auf 15 festgelegt hat.

Organisationsstrategien Unter dieser Bezeichnung werden Vorgehensweisen beim Lernen zusammengefasst, die sich auf das eigenständige Herausarbeiten zentraler Gedanken eines Textes beziehen, bei denen Lernende Fakten und Zusammenhänge ordnen und umordnen oder in bildlichen Verfahren (mind-map, Graphen, Diagramme) zusammenfassen und miteinander in Beziehung setzen.

Reliabilität Die Reliabilität einer Messung wird als gegeben angenommen, wenn nachzuweisen ist, dass bei wiederholter Messung desselben Merkmals bei gleichbleibender Merkmalsausprägung dasselbe oder ein ausreichend ähnliches Ergebnis erzielt wird.

Standardabweichung/Streuung Die Standardabweichung (SD) gibt an, wie weit die einzelnen Messwerte in einer Messreihe um den Mittelwert herum streuen. (Beispiel: Schüler A erzielt in fünf Klassenarbeiten die Noten 3,3,3,3,3, Schüler B die Noten 1,2,3,4,5. In beiden Fällen wäre der Mittelwert 3. Die Leistungen der beiden Schüler sind dennoch nicht vergleichbar, wie die Streuungen zeigen: Bei Schüler A ist $SD = 0$ bei Schüler B ist $SD = 2$.) Die Formel zur Berechnung der Standardabweichung (X steht für die einzelnen Messwerte, die in die Berechnung des Mittelwerts eingegangen sind): $SD = \sqrt{\dfrac{\sum\limits_{n=1}^{i}(M - X)^2}{n}}$.

Validität Eine Messung ist valide, wenn das Messinstrument nachweislich das Konstrukt misst, das gemessen werden soll und nicht irgendein anderes, nicht beabsichtigtes Merkmal erfasst wird.

Verstärkung In der Theorie des Operanten Konditionierens führt Verstärkung dazu, dass die Wahrscheinlichkeit, dass eine Verhaltensweise häufiger auftritt, erhöht wird. Von positiver Verstärkung spricht man, wenn dies erreicht wird, indem (möglichst direkt) nach dem Auftreten des Verhaltens eine positive Konsequenz erfolgt. Negative Verstärkung liegt vor, wenn als Folge auf das Verhalten eine unangenehme Situation beendet wird.

Wiederholungsstrategien Unter dieser Bezeichnung werden Vorgehensweisen beim Lernen zusammengefasst, die darauf beruhen, dass Lernstoff wiederholt wird. Dazu zählt das Aufsagen und Memorieren von Listen, Formeln, Bezeichnungen, ebenso wie das Herausschreiben und Unterstreichen von Textpassagen. Allen Vorgehensweisen ist gemeinsam, dass die ursprüngliche Information wenig eigenständig bearbeitet oder umgeformt (transformiert) wird.